A MÔNADA

C. W. Leadbeater

A MÔNADA

Tradução
de
Ingrid Lena Klein

EDITORA PENSAMENTO
São Paulo

Título do original:

The Monad

© The Theosophical Publishing House, Adyar, 1920.

Ano
———————
05-06-07-08-09-10-11-12

Direitos reservados
EDITORA PENSAMENTO-CULTRIX LTDA.
Rua Dr. Mário Vicente, 368 – 04270-000 – São Paulo, SP
Fone: 6166-9000 – Fax: 6166-9008
E-mail: pensamento@cultrix.com.br
http://www.pensamento-cultrix.com.br

Impresso em nossas oficinas gráficas.

ÍNDICE

Capítulo I — A MÔNADA, 1

Capítulo II — CONSCIÊNCIA SUPERIOR, 17

Capítulo III — A CONSCIÊNCIA BÚDICA, 41

Capítulo IV — UM EXEMPLO DE DESENVOLVIMENTO PSÍQUICO, 49

Capítulo V — TEMPO, 53

Capítulo VI — INSPIRAÇÃO, 57

Capítulo VII — PLÁGIO, 68

Capítulo VIII — EXAGERO, 75

Capítulo IX — MEDITAÇÃO, 82

Capítulo I

A Mônada

A informação disponível a respeito da Mônada é necessariamente escassa. No momento, não temos condições de ampliá-la a grandes proporções, porém uma afirmação da hipótese, na medida em que é compreendida entre nós no presente, pode poupar estudantes de alguns mal-entendidos, como os que freqüentemente são manifestados nas questões que nos são enviadas.

É inevitável que existam concepções errôneas a respeito de um assunto como este, uma vez que tentamos entender com o cérebro físico o que não tem possibilidades de ser expressado em termos inteligíveis a esse cérebro. A Mônada habita o segundo da nossa série de planos, aquele que costumava ser chamado de paranirvânico ou anupadaka. Não é fácil atribuir na mente um significado definido à palavra plano, ou mundo, a tal nível elevado; pois qualquer tentativa, mesmo de simbolizar a relação de planos ou mundos entre si, demanda um esforço estupendo de imaginação numa direção que nos é totalmente desconhecida.

Tentemos imaginar o que deveria ser a consciência do Divino, a consciência da Divindade Solar totalmente externa a qualquer um dos mundos, ou planos, ou níveis que tenhamos jamais concebido. Podemos pensar apenas vagamente a respeito de algum tipo de Consciência transcendental para a qual o espaço não mais exista, para a qual tudo (ao menos no Sistema Solar) esteja presente simultaneamente, não apenas em sua condição atual, mas a cada estágio de sua evolução, do princípio ao fim. Temos que pensar nessa Consciência Divina a criar esses mundos de variados tipos de matéria para Seu uso e então, voluntariamente, velando-se nessa matéria, limitando-se assim grandemente. Colocando sobre Si um vestuário de matéria, mesmo do mais elevado desses níveis, claramente já impõe sobre Si uma certa limitação; fica igualmente claro que, a cada novo vestuário assumido, à medida em que Se envolva mais e mais profundamente em matéria, essa limitação deve aumentar.

Uma tentativa de simbolizar isso, é pensar a esse respeito em conexão com o que chamamos de dimensões de espaço. Se podemos supor um número infinito dessas dimensões, pode-se sugerir que cada descida de um nível superior para um inferior remove a consciência de uma dessas dimensões até que, ao atingirmos o plano ou mundo mental, tudo o que nos resta é o poder de observar cinco delas. A queda ao nível astral retira mais uma e, com a queda ao nível físico, nos restam apenas as três dimensões que nos são conhecidas. Para que possamos ter uma idéia do que significa a perda de dimensões adicionais, temos que supor a existência de uma criatura cujos sentidos sejam capazes de compreender apenas duas dimensões. Precisamos então raciocinar em que aspecto a consciência daquela criatura diferiria da nossa e ainda tentar formar uma imagem do que significaria a perda de uma das dimensões de nossa consciência. Tal exercício de imaginação rapidamente nos convencerá de que a criatura bidimensional jamais obteria qualquer concepção adequada da nossa vida; poderia ter consciência dela apenas em partes, e mesmo sua idéia, a respeito daquelas partes, seria totalmente enganosa. Isso nos possibilita ver quão inadequada deve ser *nossa* concepção, mesmo do plano ou mundo imediatamente acima de nós; e constatamos de uma vez que não há esperança em tentar compreender totalmente a Mônada, que se eleva muitos desses planos ou mundos acima do ponto do qual tentamos considerá-la.

Pode nos servir de ajuda, lembrarmos o método pelo qual a Divindade originalmente construiu esses planos. Falamos a respeito de Seu método com toda reverência, plenamente conscientes de que não podemos compreender nem ao menos o mais minúsculo fragmento de Seu trabalho, e que mesmo esse fragmento é visto por nós de baixo, enquanto Ela o observa de cima. Todavia é justificado dizermos que a Divindade emite de Si uma onda de força, de alguma forma de influência que molda a matéria primitiva pré-existente dando-lhe formas, às quais damos o nome de átomos.

Esse mundo, ou plano, ou nível, assim formado, recebe uma segunda onda vital de energia divina; aqules átomos já existentes são, para ela, objetivos, fora dela mesma, que deles constrói formas nas quais habita. Entrementes, a primeira onda descendente retorna, fluindo através daquele plano ou nível recém-formado e faz ainda um outro plano inferior com átomos um pouco maiores e, portanto, matéria um pouco mais densa — apesar de essa densidade ser muito mais rarefeita que a nossa — mais fina concepção de matéria. O segundo fluxo penetra então esse segundo mundo e, ali novamente, encontra matéria que, para ele, é objetiva e da qual constrói suas formas. Assim, esse processo é repetido e a matéria se torna mais e mais densa a cada mundo até que, ao final, atingimos este nível físico; mas servirá de auxílio a nós, mantermos em mente que, a cada um desses níveis, a vida que anima, do segundo fluxo, encontra matéria já vivificada pelo primeiro fluxo, a qual considera objetiva e da qual constrói as formas em que habita.

Esse processo de animar formas construídas de matéria já vivificada continua através dos reinos mineral, vegetal e animal, porém quando chegamos ao momento da individualização, que divide a mais elevada manifestação animal da menos elevada manifestação humana, ocorre uma curiosa mudança; o que até então era o que animava passa a ser o animado, pois constrói de si uma forma (simbolizada pelo vaso, o Santo Gral), na qual o ego entra e da qual toma posse. Este absorve em si todas as experiências tidas pela matéria de seu corpo causal, de forma que absolutamente nada se perde; e ele as carrega consigo através das eras de sua existência. O ego continua o processo de formação de corpos em níveis inferiores, de material animado pelo primeiro fluxo do Terceiro Aspecto da Divindade; porém, afinal, ele alcança um nível evolutivo no qual seu corpo causal é o menos elevado dos que ele necessita, e quando tal é atingido, temos o espetáculo do ego, que representa o terceiro fluxo do Primeiro Aspecto da Divindade, habitando um corpo composto de matéria animada pelo segundo fluxo.

Num estágio bem mais adiantado, o ocorrido anteriormente se repete mais uma vez e o ego, que deu vida a tantas formas durante todo um período em cadeia, torna-se um veículo, e é por sua vez animado pela Mônada agora totalmente ativa e desperta. Contudo aqui, como anteriormente, absolutamente nada se perde na economia da natureza. Todas as experiências diversificadas do ego, todas as esplêndidas qualidades nele desenvolvidas, tudo isso passa para a própria Mônada e nela encontra realização vastamente mais completa do que mesmo o ego lhe poderia ter proporcionado.

Não podemos formar nenhum conceito verdadeiro da condição de consciência da Divindade Solar fora dos planos de Seu sistema. Têm-se dela falado como o Fogo Divino; e, se por um momento adotarmos esse simbolismo honrado pelo tempo, poderemos imaginar que Chispas daquele Fogo caiam na matéria de nossos planos — Chispas que são da essência daquele Fogo, embora pareçam temporariamente separadas dele. Não podemos estender demais essa analogia pois todas as Chispas que conhecemos são expulsas pelo fogo e lentamente esmaecem e morrem; ao passo que aquelas Chispas desenvolvem-se através de lenta evolução transformando-se em Chamas que retornam ao Fogo que lhes deu origem. Esse desenvolvimento e esse retorno são, aparentemente, o objeto do surgimento das Chispas, e é o processo do desenvolvimento que estamos no momento preocupados em compreender.

Parece que a Chispa como tal não pode velar-se como um todo além de certos limites; não pode descer além do que chamamos de segundo plano e reter ainda sua unidade. Uma dificuldade com que nos defrontamos ao tentar formar qualquer idéia sobre este assunto é que nenhum de nós, os que investigamos, é capaz de elevar sua consciência a esse segundo plano; na nomenclatura recentemente adotada damos a ele o nome de monádico, pois é a morada da Mônada; porém ainda nenhum de nós foi capaz de compreender a Mônada em sua própria moradia mas apenas de vê-la quando ela desceu um estágio, ou plano, ou nível, ou mundo abaixo do seu, no qual ela se mostra como o Espírito Triplo, que em nossos livros anteriores chamamos Atmã, no homem. Ainda assim ela é incompreensível, pois tem três aspectos que são bastante distintos e aparentemente separados, sendo porém fundamentalmente um e o mesmo.

A Mônada, em seu primeiro aspecto, não pode (ou ao menos não o faz) descer abaixo do nível espiritual, mas em seu segundo aspecto, ela desce para a matéria do mundo imediatamente abaixo dela (o intuitivo); e, quando esse aspecto concentra em torno de si a matéria desse nível, nós o chamamos de divina sabedoria no homem ou a intuição. Entrementes, a Mônada, em seu terceiro aspecto, também desce ao plano intuitivo e se reveste de sua matéria, adotando uma forma à qual ainda não foi dado um nome em nossa literatura. A Mônada move-se adiante ou abaixo mais um estágio e se reveste da matéria do mundo mental superior, e então a chamamos de intelecto no homem. Quando essa tríplice manifestação nos três níveis tiver dessa maneira se desenvolvido, mostrando-se como Espírito, intuição e intelecto, damos a ela o nome de corpo causal. Este ego, assim funcionando em seu corpo causal, tem sido freqüentemente chamado de eu superior e, às vezes, de alma.

Vemos então o ego como sendo uma manifestação da Mônada no plano mental superior, mas precisamos entender que ele está infinitamente distante de ser uma manifestação perfeita. Cada descida de plano representa muito mais que meramente velar o Espírito, significa também uma diminuição real na quantidade de Espírito expressada. Utilizar termos que denotam quantidade ao falar de tais assuntos é totalmente incorreto e enganoso. Porém, numa tentativa de expressar esses assuntos superiores em palavras humanas, essas incongruências não podem ser totalmente evitadas e o mais próximo que podemos chegar, no cérebro físico, de uma concepção do que acontece quando a Mônada se envolve em matéria do plano espiritual, é afirmar que apenas parte dela pode possivelmente mostrar-se ali e que mesmo essa parte precisa mostrar-se sob três aspectos distintos, em vez da gloriosa totalidade que ela realmente *é* em seu próprio mundo. Assim, quando o segundo aspecto do Espírito Triplo desce um estágio e se manifesta como intuição, não é o todo daquele aspecto que assim se manifesta, mas apenas parte dele. Assim novamente, quando o terceiro aspecto desce dois planos e se manifesta como intelecto, é apenas uma fração de uma fração do que o aspecto intelecto da Mônada realmente é. Portanto o ego não é uma manifestação velada da Mônada, porém uma manifestação velada de uma minúscula porção da Mônada.

Tal como acima, assim embaixo. Assim como o ego está para a Mônada, a personalidade está para o ego. Tanto que, quando tivermos alcançado a personalidade, com a qual temos que lidar no mundo físico, o fracionamento já será tão grande que a parte que temos condições de ver não representa proporção apreciável da realidade da qual é, no entanto, a única representação possível para nós. Contudo, é partindo desse fragmento ridiculamente inadequado e com ele como instrumento, que estamos nos empenhando em compreender o todo! Nossa dificuldade em tentar compreender a Mônada é a mesma em forma, mas muito maior em grau, que a que encontramos quando tentamos realmente assimilar a idéia do ego. No princípio da Sociedade Teosófica houve muita discussão a respeito das relações do eu superior e do eu inferior. Naqueles dias nem compreendíamos a doutrina tão bem como a entendemos agora; não tínhamos a compreensão que estudos mais longos nos deram. Falo de um grupo de estudantes na Europa, que trazia consigo as tradições Cristãs e as vagas idéias que o Cristianismo associa à palavra "alma".

O Cristão comum não se identifica de forma alguma com sua "alma", mas a coloca como uma coisa ligada a ele de alguma maneira indefinida — alguma coisa por cuja salvação é responsável. Talvez nenhum homem comum dentre os devotos daquela religião associe alguma idéia clara à palavra, mas ele provavelmente a descreveria como a parte imortal nele, apesar de, na linguagem corriqueira, dela falar como de uma possessão, algo separado dele. No *Magnificat,* a Virgem Abençoada diz: "Minha alma magnifica o Senhor e meu espírito regojizou em Deus, meu Salvador". Ela pode estar aqui delineando uma diferença entre a alma e o espírito como o faz São Paulo, mas ela fala de ambos como possessões, não como do eu. Ela não diz: "Eu, como alma, magnifico; eu, como espírito, regozijo". Isso talvez seja mera questão de linguagem, mas certamente essa linguagem solta expressa uma idéia imprecisa e mal definida. Essa teoria estava no ar entre nós na Europa e sem dúvida fomos por ela influenciados, e a princípio substituímos, de certa maneira, o termo "eu superior" por "alma".

Assim, usamos expressões como "olhando acima para o eu superior", "escutando os chamados do eu superior" e assim por diante. Lembro-me que o Sr. Sinnett costumava falar, às vezes um pouco desrespeitosamente, a respeito do eu superior, reclamando que ele deveria interessar-se mais do que parecia interessar-se pela infeliz personalidade a lutar por ele aqui de baixo; e ele costumava sugerir, em brincadeiras, a constituição de uma sociedade para a formação de nossos eus superiores. Apenas gradualmente passamos a sentir que o eu superior era *o homem* e que o que vemos aqui em baixo é apenas uma pequena parte dele. Apenas pouco a pouco aprendemos que existe apenas uma consciência e que o inferior, apesar de ser uma representação imperfeita do superior, não está de forma alguma separado dele. Costumávamos pensar em elevar-"nos" até que pudéssemos "nos" unir com aquele ser superior glorificado, não percebendo que o superior era o verdadeiro eu, e que unir o superior ao inferior significava realmente abrir o inferior para que o superior pudesse trabalhar nele e através dele.

Toma tempo tornar-se totalmente permeado de idéias teosóficas. Não é meramente ler livros, nem mesmo estudá-los com afinco o que faz de nós um real Teosofista; precisamos dar tempo para que o ensinamento passe a fazer parte de nós. Podemos notar isso constantemente no caso de novos membros. Pessoas juntam-se a nós, pessoas de inteligência aguda, da maior devoção, verdadeiramente ansiosas por fazer o melhor que podem pela Teosofia e para assimilá-la o mais rápida e perfeitamente possível; e mesmo com tudo isso, e com todo seu ansioso estudo de nossos livros, não podem de uma só vez colocar-se na posição dos membros mais velhos; às vezes demonstrarão esse fato fazendo alguma observação rude que não esteja em harmonia com o ensinamento teosófico. Não quero sugerir que a *mera* passagem do tempo produzirá tais efeitos pois, obviamente, um homem que não estuda pode permanecer membro durante 20 anos e estar pouco mais adiantado ao final do que quando estava começando; mas aquele que estuda pacientemente, aquele que convive muito com aqueles que sabem, entra no espírito da Teosofia — ou talvez seria melhor dizer que o espírito da Teosofia entra *nele*.

É portanto evidente que membros novos jamais deveriam interromper seus estudos, mas tentar entender as doutrinas sob todos os pontos de vista. Ano após ano estamos todos amadurecendo e tomando a nós a atitude daqueles que são mais velhos, e isso vem principalmente da associação e conversação com aqueles estudantes mais velhos. Os Mestres sabem quase infinitamente mais que os mais elevados de seus estudantes, e assim aqueles elevados estudantes continuam a aprender da associação com os Mestres; da mesma maneira, aqueles que não atingiram ainda o nosso nível poderão aprender alguma coisa de associação semelhante conosco. Assim sempre, os membros mais velhos podem ajudar os mais jovens, e os mais jovens têm muito a aprender daqueles que trilharam o caminho antes deles. Foi dessa maneira gradual que chegamos a entender a respeito do eu superior e inferior.

Expressar a relação entre a personalidade e o ego é um assunto da maior dificuldade; como mencionei acima, penso que no todo, a melhor forma de expressá-lo é dizer que aquela é um fragmento do último, uma pequena parte dele, expressando-se sob sérias dificuldades. Encontramos uma pessoa no plano físico, falamos com ela, e pensamos e dizemos que a conhecemos. Seria um pouco mais próximo da realidade dizer que conhecemos um milésimo dela. Mesmo quando a clarividência é desenvolvida — mesmo quando um homem abre a visão de seu corpo causal, e vê o corpo causal de outro homem — ainda assim, apesar de ver uma manifestação do ego em seu próprio plano, ele está ainda longe de ver o homem real. Tentei, através de ilustrações em *Man, Visible and Invisible,* dar algumas indicações de um lado do aspecto desses veículos superiores, porém as ilustrações são absolutamente inadequadas; elas apenas propiciam pálidos esboços da coisa real. Quando algum de nossos leitores desenvolver a visão astral, poderá dizer-nos com razão, como o disse a Rainha de Sabá ao Rei Salomão: "A metade não me foi contada". Ele poderá dizer: "Aqui está toda essa glória e beleza, que me circunda em todas as direções e parece tão inteiramente natural; deveria ser mais fácil dar uma descrição melhor disto". Porém quando ao retornar a seu próprio corpo físico tenta descrever tudo que viu e viveu com palavras físicas, penso que terá as mesmas dificuldades que tivemos.

Pois quando, utilizando a visão mental superior, um homem olha para o corpo causal de outro, não é realmente o ego que ele vê, mas tão somente matéria do plano mental superior que expressa as qualidades do ego. Aquelas qualidades afetam a matéria, fazem com que ela ondule em diferentes freqüências e assim produza cores, cujo exame possibilita distinguir o caráter do homem. Esse caráter, àquele nível, significa as boas qualidades que o homem desenvolveu; pois nenhum mal pode expressar-se em matéria tão refinada. Observando tal corpo causal, sabemos que ele contém, em germe, todas as características da Divindade — todas as possíveis boas qualidades, portanto; porém nem todas elas estão desabrochadas até que o homem atinja um nível muito elevado. Quando uma má característica se mostra na personalidade, deve ser tomada como uma indicação de que a boa qualidade oposta ainda está subdesenvolvida no ego; existe nele, como em todos os outros, mas não foi ainda chamada à atividade. Assim que é chamada à atividade, suas vibrações intensas agem sobre os veículos inferiores, e é impossível que o mal oposto jamais possa ter lugar neles.

Tomando o ego pelo homem real para o momento e olhando para ele em seu próprio plano, vêmo-lo ser realmente um ente glorioso; a única maneira de nós aqui embaixo formarmos uma concepção do que ele realmente é, é pensar nele como algum anjo esplêndido. Mas a expressão do seu belo ser no plano físico poderá ser inferior a tudo isso; na realidade precisa ser — primeiro, por ser apenas um minúsculo fragmento, segundo, por estar tão desesperadamente paralisado por suas condições. Suponha que um homem colocasse seu dedo num furo na parede ou num pequeno tubo metálico, de forma que não pudesse ao menos dobrá-lo; quanto dele como um todo poderia expressar através de um dedo em tal condição? Similar a esta é a situação daquele fragmento de ego que está colocado neste corpo denso. É um fragmento tão pequeno que não pode representar o todo; está tão paralisado e fechado que não pode nem ao menos expressar o que é. A imagem é canhestra mas poderá dar alguma idéia da relação entre a personalidade e o ego.

Suponhamos que o dedo tenha uma considerável quantidade de consciência de si próprio e que, sendo separado do corpo, temporariamente esqueça que faz parte do corpo; então ele também esquece a liberdade da vida mais ampla, e tenta adaptar-se ao seu buraco, e dourar suas paredes tornando-a uma toca agradável adquirindo dinheiro, propriedade, fama e assim por diante, não percebendo que ele apenas começa a viver realmente quando se livra totalmente da toca e se reconhece como parte do corpo. Quando saímos de nossa toca particular à noite e vivemos em nossos corpos astrais, somos muito menos limitados e nos encontramos mais próximos de nosso ser real, apesar de termos ainda dois véus — nossos corpos astral e mental — que nos impedem de sermos totalmente nós mesmos e assim nos expressarmos inteiramente. Ainda assim, nessas condições, somos muito mais livres e é muito mais fácil de compreender realidades; pois o corpo físico é o que mais obstrui e confina e o que nos impõe as maiores limitações.

Muito nos ajudaria se pudéssemos dissolver nossas limitações uma a uma; mas não é fácil. Imagine como no corpo astral podemos nos mover rapidamente através do espaço — não instantaneamente, mas mesmo assim rapidamente, pois em dois ou três minutos podemos nos mover ao redor do mundo. Mas mesmo então não podemos chegar a lugar algum sem passar através do espaço intermediário. Naquele nível podemos entrar em contato com outros homens em seus corpos astrais. Todos os seus sentimentos estão abertos a nós, de tal forma que eles não podem enganar-nos a seu respeito, apesar de poderem assim agir com relação a seus pensamentos. Vemos naquele mundo muitos mais dos habitantes da terra — aqueles que chamamos de mortos — os espíritos de natureza elevada, os anjos do desejo e muitos outros. A visão daquele plano nos possibilita ver o interior de cada objeto e a ver o interior da terra; de maneira que nossa consciência é consideravelmente ampliada em diversas formas.

Demos mais um passo. Se aprendemos a usar os poderes do corpo mental não perdemos por isso os poderes dos corpos inferiores, pois estes estão incluídos no mais elevado. Podemos então passar de lugar a lugar com a rapidez do pensamento: podemos então ver os pensamentos de nossos companheiros homens, assim que o engano não é mais possível; podemos ver as ordens superiores dos anjos e a vasta hoste dos que, tendo terminado sua vida astral, habitam o mundo do céu. Elevando-nos ainda mais um grau e usando os sentidos do corpo causal, encontramos mais glórias aguardando nossa investigação. Se olhamos então para um homem, o corpo que vemos em seu ovóide não mais se parece com seu corpo físico atual ou com o último, uma vez que se encontra nos níveis astral e mental. O que vemos agora é o Augoeides, o homem glorificado, que não é uma imagem de nenhum de seus veículos físicos anteriores, mas contém em si a essência de tudo que foi o melhor em cada um deles — um corpo que indica mais ou menos perfeitamente, pois cresce através de experiência, o que a Divindade o destinou a ser. Observando esse veículo, podemos ver o estágio de evolução alcançado pelo homem; podemos ver qual foi a história de seu passado e, em considerável extensão, também podemos observar o futuro que tem pela frente.

Às vezes estudantes se perguntam por que, se isso é assim, as más qualidades que o homem apresenta numa vida, persistiriam tão freqüentemente em vidas posteriores. A razão é não apenas que, por a boa qualidade oposta não estar desenvolvida, há oportunidade de más influências atuarem sobre o homem naquela determinada direção, mas também que o homem carrega consigo, em cada vida, os átomos permanentes de seus veículos inferiores e estes tendem a reproduzir as qualidades mostradas em suas encarnações anteriores. Pode-se então perguntar: "por que carregar esses átomos permanentes?". Porque é necessário para a evolução; porque o homem desenvolvido precisa ser o senhor de *todos* os planos. Se fosse concebível que ele pudesse desenvolver-se sem esses átomos permanentes, ele poderia tornar-se, possivelmente, um arcanjo glorioso em planos superiores, mas seria absolutamente inútil nestes planos inferiores, pois teria separado de si o poder de sentir e de pensar. Assim, não devemos descartar-nos dos átomos permanentes mas sim purificá-los.

A tarefa que se apresenta à maioria de nós atualmente é a de perceber o ego como o homem verdadeiro, para que o deixemos trabalhar, em vez desse falso eu pessoal com o qual estamos tão prontos a nos identificar. Para nós é tão fácil sentir:"'Estou com raiva; estou com ciúme"; quando na verdade o que nos leva à raiva ou ao ciúme é meramente o elemento desejo, que ansia por vibrações fortes e rudes que o auxiliam em seu caminho descendente para matéria mais rudimentar. Precisamos compreender que o homem verdadeiro não pode jamais ser tão tolo a ponto de desejar tais vibrações — que ele não pode jamais desejar qualquer coisa que não aquilo que será bom para sua evolução e útil à evolução de outros. Um homem diz que se sente impelido por paixão. Faço-o esperar e pensar: "Fui realmente eu?" E ele descobrirá que absolutamente não é ele, mas sim algo mais que tenta dominá-lo e fazê-lo sentir-se assim. Ele tem o direito e o dever de afirmar sua independência dessa coisa e proclamar-se um homem livre, seguindo a trilha de evolução marcada para ele por Deus.

Portanto, nosso assunto no momento é tomar consciência de nós mesmos como sendo o ego; porém quando isto estiver totalmente cumprido, quando o inferior não for mais que um perfeito instrumento nas mãos do superior, será nossa tarefa tomar consciência de que mesmo o ego não é o homem verdadeiro. Pois o ego teve um começo — passou a existir no momento da individualização; e tudo o que tem um princípio precisa ter um fim. Portanto mesmo o ego que perdurou desde que deixamos o reino animal, também é impermanente. Não haverá então em nós nada que perdure, algo que não terá fim? Ali está a Mônada, a Chispa Divina, que é um fragmento de Deus, um átomo da Divindade. Expressões rudes e incorretas estas, realmente; porém não sei de nenhuma outra maneira de transmitir essa idéia ao menos tão bem como em palavras como essas. Pois cada Mônada é literalmente uma parte de Deus, aparentemente dEle separada temporariamente, enquanto se encontra fechada nos véus de matéria, apesar de, em verdade, jamais ter estado separada, nem por um momento.

A Mônada jamais pode estar separada de Deus, pois a própria matéria na qual ela se vela é também uma manifestação do Divino. A matéria nos parece às vezes um mal, pois nos oprime, nos bloqueia as faculdades e parece nos atrasar em nosso caminho; lembrem-se porém que isto se dá apenas por não termos ainda aprendido a controlá-la, por não termos ainda tomado consciência de que ela também é divina em essência, pois não há nada além de Deus. Um sábio Sufi contou-me uma vez ser esta a sua interpretação do lamento que ecoa por todo o mundo Maometano todos os dias no canto do muezim do minarete: "Não há nenhum Deus que não Deus, e Maomé é o Profeta de Deus". Contou-me ele que, em sua opinião, o verdadeiro significado místico da primeira parte do cântico era: "Não há nada a não ser Deus". E isto é eternamente verdadeiro; sabemos que tudo vem dEle, e que para Ele tudo retornará um dia, porém achamos difícil entender que tudo está nEle já agora, e que nEle tudo reside eternamente. Tudo é Deus — mesmo o elemento-desejo, e as coisas das quais pensamos como sendos males; pois muitas ondas vitais vêm dEle e nem todas se movem na mesma direção.

Nós, sendo Mônadas, pertencendo a uma onda anterior, somos uma expressão um pouco mais completa dEle, um pouco mais próxima em nossa consciência do que a essência de que é feito o elemento-desejo. No caminho de nossa evolução há sempre o perigo de um homem identificar-se com o ponto no qual ele é mais completamente consciente. A maioria dos homens atualmente é mais consciente de seus sentimentos e paixões do que de qualquer outra coisa, e o elemento-desejo, astuciosamente, se aproveita disso e se empenha em induzir o homem a identificar-se com aqueles desejos e emoções.

Assim, quando o homem ascende a um nível um pouco mais elevado, e sua principal atividade se torna mental, há perigo dele identificar-se com a mente e é apenas realizando-se como o ego e fazendo *disto* o ponto forte de sua consciência, que ele pode transformar a personalidade em individualidade. Feito isso, ele terá alcançado o objetivo de seus presentes esforços; mas, imediatamente, precisa recomeçar o trabalho nesse nível mais elevado, e tentar realizar gradualmente a verdade da posição que colocamos no princípio que, assim como a personalidade está para o ego, o ego está para a Mônada. Em nosso estágio atual é inútil tentar indicar os passos que ele deverá dar para tornar-se uma perfeita expressão da Mônada, ou os estágios de consciência pelos quais passará. Pode-se chegar a tais concepções aplicando a antiga regra de que o que está abaixo é apenas um reflexo do que existe em mundos mais elevados, assim que os passos e estágios deverão, até certo ponto, ser uma repetição, a um nível mais elevado, daquilo que foi vivido em nossos esforços a um nível mais baixo.

Podemos presumir reverentemente (apesar de estarmos agora indo muito além do conhecimento real) que, quando afinal tivermos plena consciência de que a Mônada é o homem verdadeiro, encontraremos por detrás disso uma extensão maior e mais gloriosa; poderemos descobrir que a Chispa jamais esteve separada do Fogo, mas que assim como o ego está por detrás da personalidade, a Mônada por detrás do ego, um Anjo Planetário está por detrás da Mônada e a própria Divindade Solar por detrás do Anjo Planetário. Talvez mais longe ainda seja possível que, de alguma maneira infinitamente superior e assim absolutamente incompreensível atualmente, uma Divindade maior esteja por trás da Divindade Solar, e mesmo atrás dela, através de diversos estágios, se deva encontrar o Supremo. Mas aqui, mesmo o pensamento nos falha e o silêncio é a única verdadeira reverência.

Ao menos por enquanto a Mônada é nosso Deus pessoal, o Deus dentro de nós, o que nos produz aqui como uma manifestação Sua nestes níveis tão infinitamente inferiores a Ele. O que é Sua consciência em seu próprio plano, não podemos fingir dizer, nem mesmo podemos entender totalmente quando colocou sobre si o primeiro véu tornando-se o Espírito Triplo. A única maneira de entender tais coisas é elevar-se a seu nível e tornar-se um com elas. Se isso fizermos podemos compreender, mas mesmo então seremos talvez incapazes de explicar a alguém mais o que sabemos. É naquele estágio, o do Espírito Triplo, que nós que investigamos podemos pela primeira vez ver a Mônada, que é então uma tripla luz de glória ofuscante, porém possuindo ainda certas qualidades pelas quais cada Mônada é um pouco distinta da outra.

É freqüente um estudante perguntar: "Mas o que devemos fazer com ela enquanto estamos aqui embaixo — com essa glória desconhecida e tão acima de nós?" É uma questão natural, porém é na realidade o inverso do que deveria ser; pois o verdadeiro homem *é* a Mônada, e melhor seria dizermos: "Que posso eu, a Mônada, fazer com meu ego, e através dele com

13

minha personalidade?" Esta seria a atitude correta pois expressaria fatos reais, mas não podemos verdadeiramente aceitá-la porque não a compreendemos. Ainda assim podemos dizer: "Sei que sou aquela Mônada apesar de não poder ainda expressá-la, sei que sou o ego, uma mera fração da Mônada, mas ainda assim, fora de qualquer proporção maior do que sei a meu respeito em minha personalidade aqui embaixo. Mais e mais tentarei realizar-me como o ser mais elevado e maior; mais e mais tentarei fazer essa apresentação inferior de mim digna de seu verdadeiro destino; mais e mais providenciarei para que este eu inferior esteja pronto a perceber o menor sussurro de cima — a seguir as sugestões do ego que chamamos intuição — a distinguir a Voz do Silêncio e a obedecê-la."

Pois a Voz do Silêncio não é uma só coisa sempre, mas muda à medida que evoluímos; ou talvez fosse melhor dizer que ela é em verdade sempre uma só, a voz de Deus, mas que chega a nós em diferentes níveis à medida que nos elevamos. Para nós agora é a voz do ego, falando à personalidade; será a voz da Mônada falando ao ego; ainda mais tarde será a voz da Divindade falando à Mônada. Provavelmente (como já o sugerimos) deve haver um estágio intermediário entre estes últimos dois, no qual a voz de um dos sete grandes Ministros de Deus deve falar à Mônada e depois a própria Divindade falar a Seu Ministro; mas a Voz do Silêncio é sempre essencialmente divina.

É verdade que deveríamos aprender a distinguir essa voz — que nos fala de cima ainda que de dentro; pois às vezes outras vozes falam e seu conselho nem sempre é sábio. Um médium se depara com isto, pois se não se treinou para distinguir, freqüentemente pensa que toda voz do plano astral deva ser necessariamente divina e, portanto, seguida inquestionavelmente. Por isso é necessário discriminação, tanto quanto atenção e obediência.

No caso do homem comum, a Mônada faz qualquer coisa que afete ou possa afetar sua personalidade aqui embaixo? Penso que podemos dizer que tal interferência é muito incomum. O ego está tentando, por parte da Mônada, obter perfeito controle da personalidade e usá-la como instrumento; e por esse objetivo não ter sido ainda totalmente atingido, a Mônada pode sentir não ter chegado ainda o tempo de interferir de seu nível e ostentar toda sua força, quando a que já está em ação é mais do que suficientemente forte para o seu propósito. Mas quando o ego já está começando a ter sucesso em seu esforço de controlar seus veículos inferiores, o homem real às vezes intervém.

No decorrer de nossas investigações nos aconteceu examinar alguns mil seres humanos; porém encontramos traços de tal intervenção em poucos. O exemplo mais importante é o dado na vigésima nona vida de Alcione, quando este prometeu ao Senhor Gautama devotar-se em vidas futuras a atingir o estado búdico para ajudar a humanidade. Isto pareceu-nos então um assunto de tal momento e também de tal interesse, que nos dedicamos a investigá-lo. Esta era uma promessa tão distante no futuro, que obviamente a personalidade através da qual era expressada não poderia cumpri-la; e quando passamos a examinar que parte dela tinha origem no ego, constatamos que ele próprio, apesar de cheio de entusiasmo pela idéia, estava sendo impelido por uma poderosa força à qual não poderia ter resistido mesmo que assim o quisesse. Seguindo essa pista concluímos que a força que o impelia vinha indubitavelmente da Mônada. Ela havia decidido e registrara sua decisão; sua vontade, trabalhando através do ego, claramente não terá dificuldade em harmonizar todas as personalidades futuras.

Encontramos alguns outros exemplos do mesmo fenômeno no decorrer de nossas investigações do início da Sexta Raça. Examinando a vida naquela Colônia Californiana, reconhecemos imediatamente egos muito bem conhecidos; surgiu então a questão: "Uma vez que o homem tem livre arbítrio, é possível estarmos absolutamente certos de que todas essas pessoas estarão lá como prevemos?" Um exame mais preciso mostrou-nos que aqui estava ocorrendo o mesmo que com Alcione. Algumas Mônadas já haviam respondido ao chamado das Autoridades superiores, e decidido que as personalidades que as representavam deveriam colaborar naquele trabalho glorioso; e por isso, nada do que essas personalidades pudessem fazer durante o intervalo de tempo poderia possivelmente interferir com o colocar em prática aquela decisão.

Mas que ninguém pense, por isso ser assim, que é compelido de fora a fazer isto ou aquilo; a força que compele é o real você; ninguém mais pode atá-lo jamais a qualquer estágio de seu crescimento. E uma vez que a Mônada tenha decidido, a coisa será feita; é bom para a personalidade se ela se rende pronta e docilmente, se ela reconhece a voz de cima e coopera agradecida; pois se ela não o fizer trará sobre si muito sofrimento inútil. É sempre o próprio homem que está fazendo isso; e ela, a personalidade, precisa conscientizar-se de que o ego é ela própria e tem que, para o momento, acreditar que a Mônada é ela ainda mais — sua expressão maior e final.

Certamente essa visão deveria ser o maior encorajamento possível para o homem trabalhando aqui embaixo, este conhecimento de que ele é um ser muito mais grandioso e glorioso do que parece na realidade, e que há uma parte dele — enormemente maior — que já alcançou o que ele, como uma personalidade, tenta alcançar; e que tudo o que ele tem a fazer aqui embaixo é tentar fazer de si próprio um canal perfeito para esse eu mais elevado e mais real; é fazer seu trabalho e tentar ajudar a outros de maneira a tornar-se um fator, ainda que microscópico, de promoção da evolução do mundo. Para aquele que sabe, não há questão de salvação da alma; ele precisa apenas que o eu inferior o realize e expresse. Ele próprio já é divino; e tudo que ele precisa é realizar-se em todos os mundos e níveis possíveis, para que neles todos o Divino Poder possa trabalhar igualmente através dele; e assim Deus estará em tudo.

Capítulo II

Consciência Superior

Estudantes que ainda não viveram a experiência da consciência búdica — consciência no mundo intuitivo — freqüentemente nos pedem para descrevê-la. Têm sido feitos esforços nesse sentido e há muitas referências a essa consciência e suas características espalhadas em nossa literatura; porém, o buscador de conhecimento as acha insatisfatórias e não podemos disso nos admirar.

A verdade é que qualquer descrição é necessária e essencialmente imperfeita; em palavras físicas é impossível dar-se mais que uma mera sugestão do que seja consciência superior, pois o cérebro físico é incapaz de compreender a realidade. Aqueles que leram os notáveis livros do Sr. Hinton a respeito da quarta dimensão lembrar-se-ão de como ele tenta nos explicar nossas próprias limitações com relação a dimensões superiores, descrevendo detalhadamente a situação de um ente cujos sentidos pudessem trabalhar em apenas duas dimensões. Ele prova que as mais simples ações de nosso mundo seriam incompreensíveis para tal ser. Uma criatura que não tenha o sentido do que chamamos profundidade ou espessura jamais poderia ver qualquer objeto terrestre como ele realmente é; poderia observar apenas uma parte dele e obteria, portanto, impressões absolutamente errôneas, mesmo a respeito dos objetos mais comuns da vida diária, enquanto que nossos poderes de locomoção e ação lhe seriam absolutamente incompreensíveis.

As dificuldades que encontramos ao tentar compreender os fenômenos do mundo astral são similares às que o Sr. Hinton supõe serem encontradas por esse ente bidimensional; mas quando tentamos elevar nossos pensamentos ao mundo intuitivo, temos de encarar um estado de existência que é vivido em não menos de seis dimensões, se continuarmos a empregar a mesma nomenclatura a esse nível. Assim, temo que devamos admitir, de princípio, que qualquer tentativa de compreender essa consciência superior está fadada à falha; ainda assim, como não é mais que natural, o desejo de tentar compreendê-la é uma constante na mente do estudante. Não me atrevo a pensar que possa dizer qualquer coisa que satisfaça esse ardente desejo; o máximo que se pode esperar, é sugerir algumas novas considerações e, talvez, abordar o assunto de um ponto de vista um pouco diferente.

A Mônada, em seu próprio mundo, é praticamente ilimitada, ao menos no que se refira ao nosso sistema solar. Mas a cada estágio de sua descida à matéria ela não apenas se vela mais e mais profundamente em ilusão mas realmente perde seus poderes. Se no princípio de sua evolução pode-se supor que seja capaz de mover-se e ver um infinito número dessas direções no espaço que chamamos dimensões, a cada degrau descendente perde uma delas, até que, para a consciência do cérebro físico, restam apenas três delas. Vê-se portanto que nessa involução em direção à matéria, somos separados do conhecimento do todo com exceção de uma mínima parte dos mundos que nos cercam; e mais, mesmo o que nos resta é visto de maneira imperfeita. Façamos um esforço para compreender o que possa ser consciência superior supondo eliminar algumas de nossas limitações; e, apesar de estarmos trabalhando sob essas limitações, o esforço possivelmente nos poderá sugerir um leve vislumbrar da realidade.

Comecemos com o mundo físico. A primeira coisa com que nos deparamos é que nossa consciência, mesmo desse mundo, é curiosamente imperfeita. O estudante não deve surpreender-se quanto a isso, pois sabe que estamos, no momento, apenas ultrapassando a metade do quarto ciclo e que a perfeição de consciência de qualquer plano não será atingida pela humanidade normal até o sétimo ciclo. A verdade é que toda nossa vida está aprisionada nessas limitações que não compreendemos, apenas porque sempre as tivemos suportado e porque o homem comum não tem nenhuma concepção de uma condição em que elas não existam. Tomemos três exemplos: vejamos como somos limitados em nossos sentidos, em nossos poderes e em nosso intelecto respectivamente.

Primeiramente em nossos sentidos. Tomemos a visão por exemplo e vejamos quão imperfeita ela é. Nosso mundo físico consiste de sete subplanos ou graus de densidade de matéria, mas nossa visão nos permite ver apenas dois deles com alguma perfeição. Podemos ver matéria sólida se não estiver muito finamente subdividida; podemos ver um líquido que não seja absolutamente transparente; mas não podemos ver matéria gasosa sob condições normais, a não ser em raros casos nos quais ela tenha uma cor brilhante (como no caso do cloro) ou quando ocorre de estar densa, muito comprimida ou movendo-se de maneira singular — como no caso do vapor que sobe de uma estrada quente. Das quatro subdivisões etéreas da matéria física, permanecemos absolutamente inconscientes no que tange à visão, apesar de ser pela vibração de alguns desses éteres que o que chamamos luz nos chega aos olhos.

Tentemos então iniciar o processo imaginário de remover nossas limitações considerando qual seria o efeito se possuíssemos realmente visão total do mundo físico. Não estou considerando a possibilidade de um aumento do *poder* visual, apesar de isso sem dúvida também vir a seu tempo, de forma que seremos capazes de alterar o foco do olho para fazer dele praticamente um telescópio ou microscópio à nossa vontade. Penso, no momento, apenas nos objetos adicionais que entrariam em nosso campo visual.

Nada mais nos pareceria opaco, pois poderíamos ver através de paredes como se lá não estivessem, e poderíamos examinar o conteúdo de um quarto trancado ou de uma caixa fechada com a maior facilidade. Não quero dizer que com visão etérea um homem poderia ver através de uma montanha ou ver através da Terra até o outro lado; mas ele poderia ver uma boa distância rocha adentro e terra adentro, assim como podemos ver agora até uma certa distância para dentro de água clara.

Pode-se facilmente ver muitas maneiras de dar utilidade prática a esse poder que adicionaria conhecimento em diversas direções. Todo trabalho cirúrgico poderia ser executado com uma facilidade e certeza da qual, no presente, não temos nenhuma concepção, e haveria menor número de casos de diagnóstico imperfeito. Poderíamos ver os corpos etéreos de nossos amigos e assim seríamos capazes de indicar, sem dúvida as causas de qualquer afecção nervosa. Todo um novo mundo entraria no campo de observação do químico, que poderia então trabalhar com éteres assim como agora trabalha com gases. Nossa visão imediatamente nos informaria da salubridade do nosso ambiente, assim como agora nossos narizes nos alertam para a presença de algumas formas de putrefação. Poderíamos ver de imediato quando estivéssemos em presença de germens ou impurezas de qualquer tipo e assim tomar as devidas precauções. Poderíamos estudar os grandes grupos das fadas, dos gnomos e dos espíritos das águas, assim como agora estudamos história natural e entomologia; o mundo seria muito mais preenchido e interessante apenas com esse pequeno aumento de nosso sentido.

Mas lembre-se de que isso não nos levaria além do mundo físico; simplesmente nos possibilitaria ver o mundo mais completamente. Ainda seríamos suscetíveis a decepções, ainda seríamos capazes de erros com relação aos pensamentos e sentimentos de outros. Ainda seríamos cegos às mais belas partes da vida que nos cerca, mesmo vendo dela muito mais do que agora vemos. Mas mesmo com visão total não poderíamos ver nada assim como realmente é, mas apenas, no máximo, o que corresponde a um reflexo da realidade. A entidade bidimensional jamais poderia ver um cubo; seria incapaz de imaginar alguma coisa como um cubo, e o mais próximo que chegaria de sua compreensão seria ver parte dele como um quadrado. Por mais difícil que nos seja compreender essa idéia, estamos, no momento, vendo apenas parte de tudo o que nos cerca; e por esse fato pensamos que muitas coisas são iguais, quando na realidade são muito diferentes — assim como para a criatura bidimensional a mais fina lâmina de metal pareceria exatamente igual a um pesado bloco dele cuja base tivesse as mesmas dimensões da lâmina.

Passando a nossos poderes. Aqui também somos estranhamente limitados. Por mais forte que um homem possa ser, por mais esperto que seja em sua especialidade, seja ela física ou mental, ele jamais pode trabalhar nela além de um estrito limite sem começar a sofrer de fadiga. A maioria das pessoas não compreende que essa fadiga é, sempre e totalmente, incapacidade física. Falamos da mente como cansada, mas a mente não pode estar cansada, é apenas o cérebro físico, através do qual a mente tem que se expressar, que é capaz de fadiga. E mesmo quando o homem é jovem e forte, quão grandes são as dificuldades no caminho da expressão total de seu pensamento! Ele precisa tentar colocá-lo em palavras; mas as palavras, ao melhor, são coisas débeis, e não podem realmente transmitir o que o homem sente ou pensa; são freqüentemente mal interpretadas e a impressão que transmitem, em geral, absolutamente não é a que o interlocutor ou escritor pretendia transmitir.

O corpo físico é um sério obstáculo à rápida locomoção. Para onde queiramos ir, temos de carregar conosco este denso veículo, este pesado bloco de barro que atrasa o homem, mantendo-o embaixo e entravando seu progresso. A altos custos e grande desconforto temos de transportá-lo de trem ou de navio; e mesmo com todas as nossas mais recentes invenções, e com o maravilhoso progresso feito em todos os meios de transporte que dificuldade é essa a da distância física! Como dificulta a aquisição de conhecimentos; como inquieta o coração e lacera os sentimentos de amigos separados! No momento em que somos capazes de elevar nossa consciência a um mundo superior, todas essas dificuldades são transcendidas.

Considerando então o intelecto. Temos o hábito de dele nos gabarmos como se grande coisa fosse. Falamos da marcha do intelecto, de seu grande desenvolvimento e, de uma maneira geral, falamos dele como de algo de que pudéssemos estar razoavelmente orgulhosos. A realidade, porém, é que ele não é nada além de um ridículo fragmento do que virá a ser — fato esse que é totalmente claro para nós, que tivemos o privilégio de estar em contato com alguns dos Mestres da Verdade, e ver Neles o que é, em realidade, um intelecto totalmente desenvolvido. Aqui também nossos estudos devem poupar-nos de erro freqüente, pois sabemos ser o quinto ciclo de cada corrente especialmente dedicado às faculdades intelectuais; como ainda nos encontramos no quarto estágio, naturalmente não podemos esperar que estejam totalmente reveladas. Na realidade, neste estágio, mal estariam desenvolvidas não fosse pelo estupendo estímulo dado à evolução da humanidade pelos Senhores da Chama de Vênus na metade da Terceira Raça.

Tudo isso é verdade; a consciência física é tristemente limitada; mas como transcendê-la? Pode parecer, no processo normal de evolução, que deveríamos aperfeiçoar os sentidos físicos antes de adquirir os do mundo astral; mas nossos poderes não se desdobram exatamente dessa maneira. Para que o homem possa funcionar em seu corpo físico, precisa existir comunicação ininterrupta entre o ego e o veículo; isso envolve a existência dos corpos mental e astral. A princípio, são usados principalmente como pontes, através das quais a comunicação passa; e é apenas com o progredir de nosso desenvolvimento que vêm a nós como veículos separados. Mas, inevitavelmente, enquanto a consciência envia mensagens através deles, recebendo em troca impressões através deles, eles se tornam um pouco mais despertos; assim que, mesmo num selvagem, de quem se pode dizer não possuir qualquer consciência de que valha a pena falar, exceto a do veículo físico, há um esmaecido alvorecer de intelecto e, freqüentemente, uma considerável quantidade de emoção. No estágio em que se encontra o homem comum de países civilizados no presente, sua consciência está, no todo, muito mais centrada em seu corpo astral que no físico, mesmo sendo verdade que os poderes do físico ainda não estejam totalmente desenvolvidos. Seu estágio de desenvolvimento corresponde ao ciclo no qual nos encontramos agora; nesse período pode-se esperar apenas um desenvolvimento parcial, mas esse desenvolvimento parcial se mostra, em parte, também nos corpos mental e astral, bem como no puramente físico.

Muito pode ser feito, mesmo com o corpo físico, através de treinamento cuidadoso, mas, proporcionalmente, muito mais pode ser feito com os corpos astral e mental, sendo a razão o fato deles serem constituídos de matéria mais fina e assim serem mais prontamente acessíveis à ação do pensamento. Mesmo o corpo físico pode ser grandemente afetado por tal ação, como é demonstrado pelos notáveis milagres e feitos de cientistas Cristãos, e também pelos autênticos exemplos do aparecimento dos estigmas nos corpos daqueles que meditaram intensamente a respeito da crucificação do Cristo. Mas enquanto apenas alguns podem ter sucesso nesse amoldamento do veículo físico através de exercícios determinados e força de pensamento, qualquer um pode aprender como controlar os corpos astral e mental através desse poder.

Esse é um dos objetivos que esperamos atingir pela prática da meditação, que é o método mais seguro e prático de desenvolver a consciência superior. Um homem trabalha constantemente em sua meditação ano após ano e por um longo tempo lhe parece não estar fazendo nenhum progresso; no entanto, durante todo o tempo que luta para subir, faz o véu entre os planos cada vez mais fino e, afinal, um dia chega o momento em que ele atravessa e se vê num outro mundo. Tão maravilhosa, tão transcendente é essa experiência que ele exclama em surpresa deleite:

"Agora, pela primeira vez, realmente vivo; agora, finalmente, sei o que significa vida! Pensava antes que apenas a vida no plano físico pudesse ser ardente e brilhante às vezes — sim, mesmo vivida e abençoada; mas agora percebo que tudo aquilo era mera brincadeira de criança — que mesmo em meus momentos mais exaltados eu não tinha compreensão, nem mesmo a mais sutil suspeita da gloriosa realidade".

E mesmo tudo isto que o homem sente tão intensamente quando pela primeira vez toca o mundo astral, repetir-se-á com ainda maior força de contraste, quando ele transcende por sua vez aquele mundo e se abre às influências do nível mental. Aí, novamente, sentirá que aquela é sua primeira visão da realidade, e que mesmo os mais maravilhosos incidentes de sua vida astral eram como "o luar para a luz do sol ou a água para o vinho". Repetidamente isto lhe acontece à medida que galga a escada da evolução e chega mais e mais perto da realidade; pois é verdade o que dizem os velhos livros: "Brahman é felicidade" e a cada vez que alguém se aproxima de Sua realização essa felicidade aumenta.

Mas, tanto maior a alegria, maior o contraste entre a vida interior e a vida do mundo físico; tanto que retornar daquela para esta parece com o submergir num profundo abismo de escuridão e desespero. O contraste é realmente grande; tão grande que não se pode admirar que muitos dos santos antigos, uma vez tendo experimentado tal felicidade superior, tenham renunciado a tudo por ela e tenham se retirado a uma caverna ou floresta a fim de devotar-se a essa vida superior, em comparação com a qual, tudo o que o homem considera válido parece como poeira ao vento. Lembro-me de que, nos primeiros dias desta Sociedade, numa das cartas que vieram através de Mme. Blavatsky, nos foi contado que, tendo um adepto passado longo tempo em consciência nirvânica (deixando seu corpo em transe por semanas seguidas), retornando à vida física, achara o contraste muito severo e caíra numa negra depressão que durara muitos dias. Nossos termos eram usados muito livremente naqueles dias e, nesse caso, a palavra adepto deve ter-se referido a alguém que se encontrava nos primeiros estágios do desenvolvimento oculto — um adepto apenas no sentido de que ele estava suficientemente acostumado a ginásticas ocultas para ser capaz de deixar seu corpo e residir por algum tempo num nível um pouco superior — não aquilo que agora chamamos de nirvana, pois apenas um real Adepto (no sentido em que *agora* utilizamos a palavra) poderia ficar longamente num nível nirvânico; e Ele é muito evoluído, muito inegoísta para permitir-se ficar deprimido, por mais intensamente que Ele sinta a mudança quando volta à sua cinzenta e desinteressante Terra de seus mundos de inimaginável esplendor. Mesmo assim, o contraste é severo e aquele que encontrou seu verdadeiro lar naqueles mundos superiores não pode deixar de sentir alguma nostalgia enquanto seu dever o compele a viver nos níveis mais baixos da vida normal.

Têm-se falado a respeito como da grande renúncia, e não há dúvida de que assim seja; ela seria infinitamente grande se aquele que tivesse atingido esse ponto não retivesse os poderes da consciência superior mesmo quando funcionando no nível físico. Aquele que alcançou o estado de Asekha habitualmente carrega consigo Sua consciência no nível nirvânico mesmo enquanto ainda possui o corpo físico. Não quero dizer com isso que ele possa estar totalmente consciente em ambos os planos simultaneamente. Quando ele está realmente escrevendo uma carta ou conduzindo uma conversação no plano físico, sua consciência ali está centrada, assim como a do homem comum; mesmo assim, o esplendor espiritual está presente no fundo; no momento em que seu trabalho físico termina, a consciência naturalmente retorna à sua condição costumeira e, apesar de ele ainda estar sentado na mesma cadeira física, apesar de estar totalmente vivo e atento ao que se passa a seu redor, ele está em realidade vivendo naquele nível superior, e os objetos terrenos, apesar de presentes para ele, se encontram ligeiramente fora de foco. Esta sendo Sua condição, o reter do corpo físico é apenas um sacrifício modificado, apesar de envolver grandes perturbações na forma de perda de tempo com comer, vestir-se e assim por diante.

Quando um homem atinge definitivamente a consciência astral, ele se encontra muito menos estorvado em todas as três linhas que exemplificamos. No corpo astral ele não tem mais órgãos de sentidos, porém não precisa deles pois o que naquele mundo corresponde aos nossos sentidos, funciona sem a necessidade de um órgão específico. Estritamente falando, a palavra visão dificilmente é aplicável à percepção de coisas no mundo astral, mas aquele conhecimento obtido a respeito dos objetos que nos cercam ao vê-los, é obtido tão bem e muito mais perfeitamente naquele veículo superior. Cada partícula do corpo astral é responsiva, apesar de apenas a vibrações de seu próprio subnível; porém naquela vida superior recebemos o efeito de ver tudo ao nosso redor simultaneamente, ao invés de numa direção apenas.

Uma vez que, como já foi freqüentemente explicado, todos os objetos físicos sólidos têm sua contrapartida daquele tipo inferior de matéria astral que corresponde, naquele plano, a um sólido, vemos praticamente o mesmo mundo ao nosso redor quando utilizando os sentidos astrais. Porém, é um mundo muito mais populoso, pois somos agora capazes de ver os milhões de sílfides ou espíritos do ar e também as hostes dos mortos que ainda não se elevaram acima do nível astral. Seres superiores estão agora também ao alcance de nossa visão, pois podemos ver a ordem inferior da evolução dos Anjos, que freqüentemente temos chamado de anjos do desejo. Todos os nossos amigos que ainda têm corpos físicos permanecem tão visíveis para nós quanto antes, apesar de vermos apenas seus veículos astrais, mas agora, todas as suas emoções e paixões estão abertas para nós e não é mais possível ao convencionalista enganar-nos quanto ao real estado de seus sentimentos em qualquer ponto. Seus pensamentos, porém, ainda continuam velados, à exceção de quando afetam seus sentimentos, e assim se mostram através deles.

A limitação do espaço ainda não terá desaparecido, mas suas inconveniências são reduzidas a um mínimo. Não mais necessitamos dos primitivos meios de transporte com que estamos familiarizados aqui; a matéria mais fina desse mundo superior responde tão prontamente à ação do pensamento, que o mero desejo de estar em algum lugar é ao mesmo tempo começar a viagem para lá. A viagem ainda toma considerável tempo, apesar de ser pouco e podermos alcançar o outro lado do mundo em alguns minutos. Mas esses poucos minutos são necessários, e ainda temos a sensação de estar atravessando o espaço, e podemos parar em qualquer momento da viagem para visitar os países intermediários.

O intelecto é muito mais livre aqui do que no mundo inferior pois não precisa mais exaurir a maior parte de sua força colocando em movimento as partículas pesadas e vagarosas do cérebro físico. Ganhamos muito também com o fato do desaparecimento da fadiga, assim que podemos trabalhar perene e continuamente. Outra vantagem é a de sermos muito menos assolados, nesse nível, por dor e sofrimento. Não quero dizer que não haja sofrimento no mundo astral; ao contrário, poderá ser de diversas maneiras muito mais agudo do, que o pode aqui embaixo, mas, por outro lado, pode ser controlado muito mais diretamente. O mundo astral é o lar da paixão e da emoção, portanto, aqueles que se dirigem a uma emoção poderão vivê-la com vigor e intensidade desconhecidos na terra. Assim como dissemos que a maior parte da força do pensamento é gasta para colocar em movimento as partículas cerebrais, assim a maior parte da eficiência de qualquer emoção é exaurida na transmissão ao mundo físico, de tal forma que, tudo o que vemos aqui embaixo é um resto do que sobra do sentimento real, após todo o trabalho que fez. A totalidade dessa força está disponível em seu próprio mundo e, assim, lá é possível sentir afeição ou devoção muito mais intensas do que jamais podem ser obtidas nas névoas da Terra. Naturalmente, o mesmo é válido quanto às emoções menos prazerosas; acessos de ódio e inveja ou ondas de comiseração e medo são cem vezes mais formidáveis naquele plano do que neste. Assim, o homem que não tem autocontrole poderá sofrer uma intensidade de sofrimento que é inimaginável nas restrições da vida normal que benevolamente nos são impostas.

A vantagem é que, por menos que a maioria das pessoas o compreenda, no mundo astral, toda dor e sofrimento são, na realidade, voluntários e estão absolutamente sob controle; é por isso que a vida naquele nível é tão mais fácil para o homem que compreende. Sem dúvida, o poder da mente sobre a matéria é maravilhoso em todos os mundos e mesmo aqui, às vezes, produz resultados maravilhosos e inesperados. Mas é extremamente difícil controlar dores físicas agudas pela mente. Sei que pode ser feito freqüentemente de fora por mesmerismo ou mesmo por esforço determinado ao longo das linhas da Ciência Cristã; e que é freqüentemente feito na Índia e em outros lugares por yogues que fizeram disso sua especialidade. Mas o poder de assim controlar dores fortes não está ainda nas mãos da maioria das pessoas e, mesmo onde seja possível, tal esforço absorve tamanha energia do homem, de forma a deixá-lo capaz de pouco mais do que manter a dor refreada.

A razão dessa dificuldade está na densidade da matéria; ela está tão distante, em nível, das forças controladoras, que seu controle sobre ela não é seguro de nenhuma maneira e é necessário muita prática antes que possam ser produzidos resultados definidos. A matéria astral, muito mais fina, responde imediatamente a um esforço da vontade assim que, enquanto apenas alguns podem eliminar intensa dor física perfeita e instantaneamente, qualquer um pode, num momento, eliminar o sofrimento causado por uma forte emoção. O homem precisa apenas exercer sua vontade, e a paixão desaparece de imediato. Essa asserção deverá soar surpreendente a muitos; mas algum pensar nos mostrará que homem algum *necessita* estar com raiva, ou ciúme ou inveja; ninguém *precisa* deixar-se cair em depressão ou medo; todas essas emoções são invariavelmente o resultado da ignorância e qualquer homem que escolhe fazer o esforço pode imediatamente fazê-las desaparecer.

No mundo físico o medo pode, às vezes, ter alguma desculpa, pois é indubitavelmente possível, para alguém que tenha mais força do que nós, ferir nossos corpos físicos. Mas no plano astral ninguém pode machucar outrem, à exceção, é claro, da utilização de métodos congruentes com o plano, que são sempre graduais em operação e fáceis de serem evitados. Neste mundo, uma repentina batida pode realmente ferir a textura do corpo físico; mas no mundo astral todos os veículos são fluidos e uma batida, um corte ou uma perfuração não podem produzir efeito, uma vez que o veículo fecharia imediatamente, assim como o faz a água quando atravessada por uma espada.

É o mundo das paixões e emoções, e apenas através de suas paixões e emoções o homem pode ser ferido. Um homem pode ser corrompido e persuadido a abrigar paixões más, emoções desprezíveis; mas estas podem ser apenas induzidas lentamente e qualquer homem que deseje resistir pode fazê-lo com perfeita facilidade. Portanto não há razão alguma para temer o plano astral, e onde o temor existe é apenas devido à ignorância — ignorância que pode ser eliminada por alguns momentos de instrução e um pouco de prática. Além disso, a maioria das razões que causam sofrimento no meio ambiente terrestre não estão representadas. Quando deixamos este corpo não há mais fome ou sede, calor ou frio, fadiga ou doença, pobreza ou riqueza; que espaço há então para dor e sofrimento? Vê-se de imediato que aquele mundo menos material poderá ser apenas mais feliz, pois naquele, muito mais mesmo do que neste, o homem faz seu próprio meio e pode variá-lo à sua vontade.

Uma das maiores causas de sofrimento em nossa vida atual é o estarmos habituados a reclamar nossa separação daqueles que amamos, quando estes deixam seus corpos físicos. Tendo apenas consciência física, o homem não instruído supõe ter "perdido" o amigo que partiu; mas isso é, em realidade, uma ilusão, uma vez que o amigo que partiu está a seu lado todo o tempo, e observa as variações de sentimento expressadas em seu corpo astral. Ver-se-á de imediato que é impossível ao amigo que partiu, estar em qualquer ilusão de ter "perdido" os amados que ainda retêm o veículo físico, pois uma vez que eles também precisam ter seus corpos astrais (ou seus veículos físicos, não poderiam viver), o "morto" vê os vivos todo o tempo, apesar de a consciência do amigo vivente estar à disposição para o intercâmbio de pensamentos e sentimentos apenas durante o sono do corpo físico do amigo. Mas ao menos o "morto" não tem a sensação de separação ou solidão, mas terá simplesmente trocado o dia pela noite como tempo para companhia daqueles que ele ama e que ainda pertencem ao mundo físico inferior.

Essa fértil fonte de sofrimentos é portanto totalmente removida daquele que possui a consciência astral. O homem que tenha evoluído a ponto de ser capaz de usar plenamente a consciência física e astral, mesmo quando acordado, jamais estará separado do amigo que partiu, mas tê-lo-á presente até o fim de sua vida astral, quando aquele corpo por sua vez é descartado e ele entra em sua jornada no mundo dos céus. Aí então toma lugar uma aparente separação, apesar de mesmo então não poder jamais ser a mesma coisa que o que chamamos de perda aqui embaixo; pois um homem que já tenha compreendido plenamente a existência de dois dos planos estará totalmente convencido do plano dos arranjos da Natureza e terá uma certeza quanto a eles e uma tal confiança que o põe numa posição totalmente diferente da ignorância do homem que sabe apenas um plano e não pode imaginar nada além dele.

Além disso, o homem que possui consciência astral atravessa o primeiro e o mais denso dos véus, e não encontrará grande dificuldade em penetrar aquilo que o separa do mundo mental, tanto que ocorre com freqüência, antes que a "pessoa morta" esteja pronta para deixar o nível astral, que seu amigo já tenha aberto a porta de uma consciência ainda superior a esta e esteja, portanto, em condições de acompanhar seu associado "morto" no próximo estágio de seu progresso. Sob toda e qualquer circunstância e esteja o homem que ainda vive no plano físico consciente ou não do que esteja acontecendo, a aparente separação nunca é mais do que uma ilusão, pois no mundo dos céus o homem "morto" se torna uma imagem-pensamento de seu amigo, que é observada instantaneamente e utilizada pelo ego daquele amigo; e dessa maneira estão mais próximos do que jamais estiveram antes.

Vejamos que outras vantagens existem para o homem que se abriu à consciência mental. Mais uma vez ele passa pela experiência já descrita, pois acha que esse plano superior é vibrante de glória e felicidade perto das quais mesmo o maravilhoso vigor da vida astral empalidece seus fogos inefetivos. Mais uma vez sente que agora finalmente alcançou a vida real, da qual tinha antes apenas um reflexo ineficiente e errôneo. Outra vez é ampliado seu horizonte, pois agora o vasto mundo dos Anjos da Forma se abre ante seus atônitos olhares. Agora ele vê o todo da humanidade — as imensas hostes que estão fora da encarnação bem como os relativamente poucos que possuem veículos nos níveis inferiores. Cada homem que se encontra em vida física ou astral necessariamente tem um corpo mental, e é este que agora o representa aos olhos do estudante que chegou até esse ponto do caminho; mas, além disso, o grande exército daqueles que descansam no mundo dos céus está agora ao alcance de sua visão — apesar de, estando cada um totalmente confinado em sua própria concha de pensamento, esses homens dificilmente podem ser considerados companheiros, em qualquer sentido da palavra.

O visitante de seu mundo pode agir sobre eles à extensão de transbordá-los com pensamentos, digamos, de afeição. Às vezes esses pensamentos não podem penetrar a concha dos homens que desfrutam sua vida celestial de forma a levar com eles qualquer sentimento de afeição definida do emissor que os fizesse conscientes dele ou neles evocar uma resposta direcionada diretamente a ele; mas mesmo então, o fluxo de afeição poderá atuar sobre o habitante do mundo celeste precisamente da mesma maneira que o calor do sol pode operar sobre o germe dentro do ovo e acelerar sua frutificação ou intensificar quaisquer sensações de prazer que possa ter. Apesar desses homens, no mundo celeste, não estarem acessíveis a qualquer influência de fora, estão emitindo de si vibrações, expressando suas mais proeminentes qualidades; assim, o visitante àquele mundo poderá banhar-se nessas emanações como escolher, e poderá circular escolhendo seu tipo de emanação, assim como aquele que visita Harrogate escolhe a espécie de água mineral que tomará, testando uma fonte depois de outra.

Dentre aqueles que são totalmente conscientes no plano mental existe uma união muito mais intensa do que a que era possível em qualquer nível inferior. Um homem não pode mais enganar outro com relação ao que ele pensa, pois todas as operações mentais estão abertas à visão de qualquer um. Opiniões ou impressões podem ser agora trocadas não apenas com a rapidez do pensamento mas com perfeita correção, pois cada um recebe exatamente a idéia do outro — clara, definida, instantânea — em vez de ter de tentar encontrar seu caminho até ela através de uma floresta de palavras inexpressivas. Nesse nível, o homem pode circundar o mundo realmente com a velocidade do pensamento; ele está do outro lado dele mesmo quando formula o desejo de lá estar, pois nesse caso a resposta da matéria ao pensamento é imediata e a vontade pode controlá-la muito mais prontamente que em qualquer outro nível.

Tem sido dito freqüentemente, com relação à meditação, que existe dificuldade muito maior em se governar pensamentos que emoções e que o elemento mental é menos suscetível de controle que o astral. Para nós, cá embaixo, usualmente é assim, porém se desejamos compreender realmente o assunto, devemos tentar ver por que é assim. Ao longo de certas linhas, o corpo físico obedece à ação da vontade, porque foi cuidadosamente treinado por nós para ser assim. Se desejamos levantar um braço, podemos levantá-lo; se desejamos caminhar até certo lugar, se o corpo físico está com saúde, podemos nos levantar e caminhar até lá sem maior resistência do corpo do que a expressão de sua usual indolência ou amor ao ócio. Quando porém o corpo físico adquiriu maus hábitos de qualquer espécie, prova freqüentemente ser insubordinado e difícil de dominar. E é nesses casos que a distância e diferença em densidade entre o ego controlador e seu mais baixo veículo se torna dolorosamente evidente. O manejo do veículo astral é na realidade muito mais fácil, apesar de muitos acharem difícil pelo simples fato de nunca terem tentado. No momento em que alguém pensa seriamente na matéria, isso se torna evidente. Não é fácil eliminar-se pela força do pensamento uma tremenda dor de dentes, apesar de, mesmo isso, ser possível sob determinadas condições; é comparativamente mais fácil banir-se depressão ou raiva ou ciúme pela força do pensamento. O elemento-desejo pode ser persistente na imposição desses sentimentos à atenção do homem, mas de qualquer maneira estão claramente sob seu controle e indubitavelmente pode-se obter imunidade a eles através de um repetido expulsá-los.

Ainda mais definitivamente isso é verdadeiro — e mais fácil deveria ser nossa tarefa — quando passamos ao mundo mental. Nos parece mais difícil refrear pensamentos que emoções porque a maioria de nós já fez ao menos algumas experiências no sentido de reprimir emoções, e fomos ensinados desde crianças que é impróprio deixá-las mostrarem-se sem controle. Por outro lado, temos o hábito de deixar nossos pensamentos vagar sem limites e é provavelmente apenas em conexão com lições de escola que, relutantemente, os fazemos voltar de suas divagações e tentamos concentrar-nos em alguma tarefa definida. Para induzir-nos, ao menos a tanto, é requerida compulsão exterior na forma de constante exortação do professor ou do estímulo da concorrência entre os colegas de classe. É por ter sido feito tão pouco esforço pelo homem comum na direção de regular o pensamento que ele o acredita difícil, e até quase impossível, quando começa a praticar meditação. Encontra-se em conflito com os hábitos do elemento mental, que esteve acostumado a ter as coisas todas dessa maneira e a vagar de objeto a objeto a seu próprio desejo.

Nossa luta com ele é, de algumas formas, diferente daquela que já empreendemos contra o elemento-desejo; a razão para tal será óbvia se lembrarmos sua constituição. O pensamento representa o fluxo vital proveniente da Divindade Solar no primeiro estágio de seu envolvimento na matéria — aquela que usualmente chamamos de Primeiro Reino Elementar. Conseqüentemente ele é menos usado para confinamento material do que o elemento-desejo, que pertence a um reino posterior e se encontra um estágio inteiro abaixo na escala da matéria. Ele é, conseqüentemente, mais ativo que o elemento-desejo — mais irrequieto, porém menos poderoso e determinado; ele é, na natureza das coisas, fácil de manejar, mas muito menos usado para dirigir; assim sendo, exige muito menos dispêndio de força controlar um pensamento que um desejo, mas pede uma aplicação mais persistente daquela força. Lembrem-se que estamos agora ao nível do pensamento, onde os pensamentos são literalmente coisas; e essa matéria mental impaciente que achamos tão difícil governar, é a própria casa e o veículo definitivo da mente pela qual temos de controlá-lo. Tal mente está aqui em seu próprio território e trabalhando com sua própria matéria, assim que, para ela, é apenas questão de prática aprender a manejá-la perfeitamente; enquanto que nós, ao tentarmos dominar o elemento-desejo, trazemos a mente para baixo, a um mundo a ela estranho e impondo uma ascendência estranha de fora, pois que estamos muito mal equipados para a batalha.

Resumindo então: o controle da mente é muito mais fácil em si do que o controle das emoções, mas temos certa prática no último e, regra geral, praticamente nenhuma no primeiro; é apenas por essa razão que o exercício mental nos parece tão difícil. Ambos juntos constituem uma tarefa muito mais fácil que o perfeito domínio do corpo físico; mas este último temos exercitado até certo ponto por algumas vidas anteriores, apesar de nossos resultados nessa linha serem ainda notavelmente imperfeitos. Profunda compreensão desse assunto deveria ser muito encorajadora para o estudante; e o resultado de tal compreensão imprimirá vividamente sobre ele a verdade da afirmação feita na *Voz do Silêncio,* de que esta terra é o único verdadeiro inferno conhecido ao Ocultista.

Demos um passo adiante e voltemos nossa atenção à parte superior do plano mental, que é habitada pelo ego em seu corpo causal. Agora, enfim, os véus caíram e pela primeira vez nos encontramos homem a homem, sem possibilidade de mal-entendidos. Mesmo no mundo astral a consciência já é tão diferente daquela que conhecemos aqui embaixo que é praticamente impossível dar alguma idéia coerente dela e essa dificuldade aumenta quando tentamos lidar com planos mais elevados. Aqui, os pensamentos não mais tomam forma e flutuam em nosso redor como o fazem em níveis inferiores, mas passam como relâmpagos de uma alma para outra. Aqui não temos veículos recém-adquiridos, gradualmente entrando sob controle e aprendendo gradualmente — mais ou menos debilmente — a expressar a alma em seu interior; mas estamos face a face com um corpo mais velho que as colinas, uma verdadeira expressão da Glória Divina que sempre descansa por detrás dele, e brilha através dele mais e mais no desdobramento gradual de seus poderes. Aqui não mais lidamos com formas externas mas vemos as coisas em si mesmas — a realidade que está por detrás da expressão imperfeita. Aqui causa e efeito são um, claramente visíveis em sua unidade como dois lados da mesma moeda. Aqui deixamos o concreto pelo abstrato; não temos mais multiplicidade de formas, mas a idéia que está por detrás de todas aquelas formas.

Aqui a *essência* de todas as coisas está disponível; não mais estudamos detalhes; não mais falamos ao redor de um assunto ou tentamos explicá-lo; tomamos a essência ou a idéia do assunto como um todo, assim como se move uma peça ao jogar xadrez. Esse é um mundo de realidades onde decepção não é apenas impossível como também impensável; não lidamos mais com quaisquer emoções, idéias ou concepções, mas com a coisa em si. É impossível expressar em palavras o tráfego comum de idéias entre homens com corpos causais totalmente desenvolvidos. Aquilo que aqui seria um sistema filosófico, necessitando muitos volumes para explicá-lo, lá é um assunto único e definido — um pensamento que pode ser jogado como uma carta de baralho sobre uma mesa. Uma ópera ou um oratório, que aqui ocupariam toda uma orquestra por muitas horas de interpretação, lá seriam um simples acorde; os métodos de toda uma escola de pintura estão condensados numa magnífica idéia; e idéias como essas são as fichas intelectuais que são usadas pelos egos em sua conversa uns com outros.

Lá também encontramos uma ordem superior de Anjos mais esplêndidos mas menos compreensíveis para nossas limitadas faculdades. Lá, pela primeira vez, temos totalmente descobertas à nossa frente todas as estórias de todas as vidas que têm sido vividas no nosso globo, os verdadeiros registros de vida do passado; pois este é o menor dos planos onde a Divina Memória se reflete. Aqui, pela primeira vez, vemos nossas vidas como um vasto todo, do qual nossas descidas à encarnação nada mais foram que dias passados. Aqui, o grande esquema da evolução se desenrola à nossa frente, assim que podemos ver qual é a Divina Vontade para nós.

O homem comum é ainda muito pouco desenvolvido como ego; ele precisa da matéria mais rude de planos muito inferiores para poder sentir vibrações e a elas responder. Mas um ego que está acordado e realmente vivo em seu próprio plano é realmente um objeto glorioso e nos dá, pela primeira vez, alguma idéia do que Deus pretende que o homem seja. Os egos ainda são separados, mas intelectualmente realizam totalmente sua unidade interior, pois vêem uns a outros como são e não podem mais errar ou deixar de compreender.

Estranho como mesmo isso possa parecer quando visto de baixo e distante que possa estar de nossas comuns concepções de vida, nosso próximo passo nos leva a uma região ainda menos possível de ser entendida pela mente inferior; pois quando acompanhamos o homem ao mundo intuitivo, desenvolvendo a consciência búdica, estamos na presença não apenas de uma indefinida extensão de várias capacidades, mas também de uma total mudança de método. Do corpo causal olhamos para tudo, compreendendo, vendo tudo exatamente como é e dando-lhe seu verdadeiro valor, mas ainda mantendo uma distinção entre sujeito e objeto, ainda conscientes de estarmos *olhando para* aquilo que tão completamente compreendemos. Mas agora introduziu-se uma mudança; a compreensão é mais perfeita e não menor, mas vem de dentro em vez de fora. Não mais *olhamos para* uma pessoa ou um objeto, não importa a que grau de simpatia ou de bondade; simplesmente *somos* aquela pessoa ou objeto, e os sabemos como sabemos o pensamento de nosso próprio cérebro ou o movimento de nossa mão.

Não é fácil nem mesmo sugerir a sutil mudança que isso lança sobre tudo — o valor curiosamente diferente que isso dá a todas ações e reações de vida. Não é tão somente que entendemos um outro homem mais intimamente; é que sentimos a nós mesmos agindo através dele, e apreciamos seus motivos como nossos próprios motivos, mesmo quando possamos entender perfeitamente que outra parte de nós, possuindo maior conhecimento ou um ponto de vista diferente, possa agir diversamente. Durante toda nossa prévia evolução tivemos nosso ponto de vista particular e nossas próprias qualidades, que eram apreciadas por serem as nossas — que nos pareciam, de alguma maneira sutil, ser diferentes das mesmas qualidades quando manifestadas em outros; mas agora, perdemos totalmente aquele senso de propriedade pessoal em qualidades e em idéias, porque vemos que essas coisas são verdadeiramente comuns a todos, porque são parte da grande realidade que está por detrás de tudo. Assim, o orgulho pessoal no desenvolvimento individual se torna uma impossibilidade total, pois vemos agora que o desenvolvimento pessoal é apenas como o crescimento de uma folha dentre milhares de folhas de uma árvore, e que o fato importante não é o tamanho ou a forma daquela folha em especial mas sua relação com a árvore como um todo; pois é apenas da árvore como um todo que podemos realmente afirmar crescimento permanente.

Aqui em baixo encontramos pessoas de diferentes disposições; estudamo-las e nos dizemos que, sob quaisquer circunstâncias concebíveis, jamais poderíamos atuar ou pensar como elas, e ainda assim, às vezes, falamos de "colocar-se no lugar de outro", isto é geralmente uma substituição débil, indiferente e insuficiente; mas no mundo intuitivo vemos clara e instantaneamente a razão para tais atitudes que aqui parecem tão incompreensíveis e repugnantes, e entendemos imediatamente que somos nós mesmos, sob uma outra forma; que estamos fazendo aquelas mesmas coisas que nos parecem tão repreensíveis e reconhecemos que, para aquela faceta de nós, tal ação é bem correta e natural. Vemos que cessamos totalmente de culpar outros por suas diferenças com relação a nós; simplesmente os notamos como outras manifestações de nossa própria atividade, pois agora vemos razões que antes se escondiam de nós. Mesmo o homem ruim é claramente visto como sendo parte de nós — uma parte fraca; ainda assim nosso desejo não é de culpá-lo mas sim de ajudá-lo, dando força àquela parte fraca em nós, para que o corpo todo da humanidade possa ser vigoroso e forte.

Quando no corpo causal, já havíamos reconhecido a Consciência Divina em tudo; ao olharmos para um outro ego, aquela consciência elevou-se nele para reconhecer o Divino em nós. Agora, não mais sobe para nos saudar de fora pois já se encontra dentro de nossos corações. *Somos* aquela consciência e ela é *nossa* consciência. Não há mais o "você" e o "eu" pois ambos somos um — ambos facetas de uma coisa que nos transcende e ainda assim nos inclui.

Ainda assim, em todo esse estranho avanço, não há perda do senso de individualidade, mesmo existindo uma total perda do sentimento de separação. Isso parece um paradoxo, mas é obviamente verdadeiro. O homem lembra tudo o que ficou para trás. Ele próprio é o mesmo homem que tomou esta ou aquela atitude no passado distante. Ele não está mudado de nenhuma maneira, exceto que agora ele é muito mais do que era então e sente que inclui em si também muitas outras manifestações. Se aqui e agora uma centena de nós pudesse simultaneamente elevar sua consciência ao mundo intuitivo, seríamos todos uma só consciência; mas a cada homem ela pareceria ser a sua própria, absolutamente não modificada exceto que agora incluiria todos os outros também.

A cada um pareceria ser *ele* que teria absorvido ou incluído todos os outros; assim que estamos aqui realmente na presença de uma ilusão, mas realização um pouco maior nos deixará claro que somos todos facetas de uma consciência maior e que aquilo que pensávamos até agora serem *nossas* qualidades, *nosso* intelecto,.*nossa* energia, tinham sido todo tempo Suas qualidades, Seu intelecto, Sua energia. Atingimos a realização no fato real da fórmula honrada pelo tempo: "Tu o fazes". Uma coisa é falar disso aqui embaixo e entendê-lo, ou pensar que entendemos intelectualmente; mas é uma coisa bem diferente entrar naquele maravilhoso mundo e *sabê-lo* com uma certeza que jamais poderá ser abalada.

Mas não se deve supor que um homem, ao penetrar a subdivisão inferior daquele mundo, se torne consciente de uma vez de sua unidade com tudo o que vive. Tal perfeição de sentidos vem apenas como resultado de muita labuta e dificuldades, quando ele tiver alcançado a subdivisão superior desse domínio da unidade. Penetrar esse plano como um todo é viver uma enorme extensão de consciência, para realizar-se como um com muitos outros; mas perante ele abre-se então um tempo de esforço, um tempo de autodesenvolvimento análogo, naquele nível, ao que fazemos aqui embaixo através de meditação, quando tentamos abrir nossa consciência ao próximo plano acima de nós. Passo por passo, subplano por subplano, o aspirante ganha seu caminho; pois mesmo naquele nível ainda é necessário empenho se quiser se obter progresso.

Um estágio abaixo, enquanto ainda nos encontramos no plano mental superior, aprendemos a ver as coisas como são, a sobrepujar os preconceitos que temos a respeito delas e a alcançar a realidade que se encontrava por detrás do que éramos capazes de ver. Agora, somos capazes de ver a realidade que está por detrás das visões divergentes de outras pessoas a respeito dos mesmos objetos; vindo simultaneamente por suas linhas bem como pela nossa, entramos naquela coisa e realizamos todas as suas possibilidades, pois agora ela é nós mesmos e suas possibilidades também para nós são possíveis. Difícil de colocar em palavras; impossível de compreender totalmente aqui embaixo; e ainda assim chegando mais perto e indicando uma verdade que é mais real do que o que chamamos realidade neste mundo.

Se pudéssemos ser instantaneamente transportados àquele mundo, sem passar vagarosamente através dos estágios intermediários, a maior parte do que seríamos capazes de ver pouco significaria para nós. A mudança abrupta, mesmo para a consciência astral, nos dá uma visão tão diferente que mesmo objetos totalmente familiares se tornam irreconhecíveis. Uma coisa por exemplo um livro ou uma garrafa de água, nos apresenta certa aparência familiar; mas se, de repente, somos capazes de ver aquele objeto por todos os lados de uma vez, bem como por cima e por baixo, poderemos talvez entender que ele apresenta uma aparência tão diferente que deveríamos requerer considerável quantidade de ajustamento mental antes de podermos identificá-lo com certeza. Acrescente a isso ainda a complicação de que todo o interior do corpo se nos apresenta como se cada partícula estivesse colocada separadamente sobre uma mesa, e veremos novamente que foram introduzidas maiores dificuldades. Adicione a elas ainda mais um fato — que enquanto olhamos todas essas partículas como descrito, estamos também e ao mesmo tempo dentro de cada uma delas e olhando para fora e através, e veremos que se torna uma impossibilidade absoluta traçar qualquer semelhança com o objeto que conhecíamos no mundo físico.

Isto, naturalmente, nada mais é que uma ilustração — um exemplo rude e concreto do que acontece; e para poder realmente entender, precisa-se espiritualizá-lo e adicionar-lhe muitas outras considerações — todas elas, porém, tendem a fazer o reconhecimento mais difícil do que facilitá-lo. Afortunadamente, não é possível um salto abrupto como esse, na natureza. O método de evolução é o gradual desenvolver-se, assim que somos encaminhados pouco a pouco até sermos capazes de encarar, sem vacilar, glórias que nos ofuscariam se repentinamente explodissem à nossa frente.

A esse nível, o homem ainda tem um corpo definido e ainda assim sua consciência parece estar igualmente presente num vasto número de outros corpos. A trama da vida (que você sabe ser construída de matéria búdica, matéria do mundo intuitivo) é de tal forma extensa, que inclui essas outras pessoas, assim que, em vez de muitas pequenas tramas separadas, temos uma imensa trama que a todos reúne numa vida comum. Mas lembre-se que muitos desses outros podem estar totalmente inconscientes dessa mudança e, para eles, seu próprio pedacinho particular da trama ainda parece tão separado quanto antes — ou *estaria* se eles soubessem qualquer coisa a respeito da trama da vida. Assim, desse ponto de vista e a esse nível, parece que toda a humanidade está ligada por fios dourados a formar uma complexa unidade; não mais *um* homem, mas homem, no abstrato.

O que podemos dizer do próximo estágio de consciência, aquele que freqüentemente tem sido chamado de nirvana? Essa nobre palavra tem sido traduzida a querer dizer anulação, mas nada pode estar mais distante da verdade do que isso, pois representa a vida mais intensa e vívida da qual sabemos qualquer coisa. Talvez possa ser honestamente descrita como anulação de tudo o que sabemos e pensamos ser o homem no mundo físico; pois toda sua personalidade, todas suas qualidades interiores já terão desaparecido há muito tempo. E sim a essência está lá; o verdadeiro homem está lá; a Chispa Divina, descendente da própria Divindade, ainda está lá, mesmo tendo agora crescido a ser Chama — uma Chama que está conscientemente se tornando parte Daquele de onde veio; pois aqui toda consciência emerge Nele, mesmo retendo ainda tudo o que havia de melhor no sentimento de individualidade. O homem ainda se sente, assim como agora o faz, mas cheio de um deleite, um vigor, uma capacidade para os quais não temos palavras aqui embaixo. Ele não perdeu, de maneira nenhuma, suas memórias pessoais. Ele está tão dentro de si como sempre, apenas ele é um si mais amplo. Ele ainda sabe que "Eu sou Eu"; mas também realiza e muito mais intensamente que "Eu sou Ele".

No mundo intuitivo sua consciência se expandira para abranger a de muitas pessoas. Agora parece incluir todo o mundo espiritual e o homem sente que está a caminho da realização do divino atributo da onipresença; pois ele existe não apenas em todos aqueles outros, mas também em todos os pontos do espaço intermediário, de forma que pode focalizar-se onde quiser, realizando exatamente a conhecida frase de que ele é um círculo cujo centro está em todo lugar e cuja circunferência está em lugar nenhum. Ele terá transcendido o intelecto da maneira que o conhecemos, mas ainda assim sabe e entende muito mais completamente do que jamais o fizera antes. Em níveis inferiores (abaixo desse, mas para nós muito acima do alcançável) ele viu os grandes Anjos e Arcanjos em toda sua ordem gloriosa. Nesse mundo espiritual ele se encontra face a face com os poderes que regem, com os grandes Administradores do Karma, com os grandes Líderes de Hierarquia Oculta, com Espíritos Planetários de poder estupendo e beleza maravilhosa.

Não há esperança em tentar descrever essa vida que transcende toda vida que conhecemos e, ainda assim, é tão diferente dela que chega a parecer quase uma negação dela — um esplendor de vida tão significativo se comparado com o mero e cego arrastar-se ao longo de dias obscuros. Pois isso é, em realidade, vida, e isso é realidade na extensão que podemos presentemente alcançar; apesar de não duvidarmos, nem por um momento, que mesmo por detrás dessa indescritível glória ainda se estendam glórias maiores que a ultrapassam assim como ela ultrapassa esta vida catacúmbica da terra. Lá tudo é Deus, e todos esses augustos Seres são obviamente grandes manifestações Dele; e tão totalmente essa convicção cresce dentro da consciência de um homem, tão inteiramente passa a fazer parte dele que, quando ele mais uma vez desce ao globo físico desse astro de sofrimentos, ele não pode esquecê-la mas sempre vê a Chispa Divina, mesmo nos ambientes menos esperados. Aqui embaixo muitas vezes é duro reconhecer; precisamos cavar tão fundo para encontrá-la. Naquele mundo espiritual é auto-evidente e sabemos, porque a vemos, que não há nada que não Deus — nenhuma vida em qualquer dos mundos que não a Vida Divina.

Pois naquele nível o próprio homem se tornou como um deus entre os deuses, uma pequena luz dentre as grandes luzes, e sendo verdadeiramente um mundo de esplendor, apesar de muito menor que os Mestres, que os Grandes Devas, que os Poderosos Espíritos que governam os destinos dos homens e dos mundos. Lá estamos face a face com todos esses grandes Seres dos quais aqui falamos e sobre os quais lemos podendo apenas absorver pálidos reflexos. Lá ouvimos a música gloriosa das esferas, da qual ecos ocasionais nos alcançam neste mundo inferior.

Realmente terrível é a descida daquele grande mundo para este; ainda assim, um que tenha uma vez tocado aquela consciência, jamais será o mesmo que era antes. Ele não pode esquecer totalmente, mesmo na escuridão e na tempestade, que seus olhos viram o Rei e Sua beleza, que ele viu a terra longínqua que ao mesmo tempo é próxima, mesmo às nossas portas, perto de nós todo o tempo, se quisermos apenas erguer os olhos para vê-la, se quisermos apenas desenvolver o Deus dentro de nós até que Ele possa responder ao Deus de fora.

"A terra longínqua". Dos tempos de nossa infância essa frase nos é familiar, e nos cai aos ouvidos com toda a mágica de associações sagradas; essa é porém uma má tradução do Hebreu, e talvez o significado real do texto seja muito mais bonito e mais apropriado, pois a expressão usada por Isaías é "a terra das longas distâncias" como se estivesse contrastando em sua mente a esplêndida espaciosidade dos campos dos céus espargidos de estrelas com a barulhenta pequenez das apertadas catacumbas da terra. Mesmo aqui e agora, presos na mais densa matéria, podemos elevar nossos pensamentos ao sol, pois quando uma vez sabemos a verdade, a verdade nos libertou. Quando uma vez realizamos nossa unidade com Deus, nenhuma escuridão pode jamais nos ensombrecer, pois sabemos que Ele é Luz de Luz e o Pai das Luzes, com o qual não há variação nem sombra de retorno; e Nele não há nenhuma escuridão.

Todo esse conhecimento, toda essa glória, está ao nosso alcance, e precisa vir inevitavelmente para cada um de nós a seu tempo, durante sua evolução, tão certamente como um dia sucede o outro. Está além de todas as palavras, além de todos os sentimentos — além mesmo de nossa intuição. Mas virá um tempo em que saberemos assim como agora somos sabidos. Tudo nos virá no decurso da natureza (no sétimo ciclo, como dissemos) mesmo se ficamos à deriva e não fazemos esforços; mas muito mais cedo se estamos dispostos a fazer o trabalho necessário — realmente um trabalho duro, porém nobre e prazeroso, mesmo trazendo às vezes muito sofrimento. Assim o caminho é o Caminho do Serviço, e cada passo que damos, damos não para nós e sim para os outros; que através de nossa realização outros possam realizar, que pelo nosso esforço outros possam encontrar o caminho, que através da bênção que nos vem, o mundo todo possa ser abençoado.

Capítulo III

A Consciência Búdica

Muito tem sido escrito a respeito do mundo búdico ou intuitivo, e todos os estudantes estão teoricamente familiarizados com sua maravilhosa característica de unidade de consciência; mas a maioria deles provavelmente considera a possibilidade de conseguir qualquer experiência própria daquela consciência como pertencente ao futuro distante. O desenvolvimento total do veículo búdico é ainda remoto para a maioria de nós pois pertence ao estágio da Quarta Iniciação ou Iniciação Arhat; mas talvez não seja inteiramente impossível, para aqueles ainda distantes desse nível, ganhar algum contato daquele tipo superior de consciência de uma maneira diferente.

Eu próprio fui levado ao longo do que deveria descrever como a linha comum de desenvolvimento oculto, e tive de lutar para abrir caminho laboriosamente para cima, conquistando um subplano após o outro, primeiro no mundo astral, então no mental, e então no búdico; o que significa que eu tinha o uso total de meus veículos astral, mental e causal, antes de me vir qualquer coisa que eu pudesse descrever como uma real experiência búdica. Esse método é lento e laborioso, e apesar de eu pensar que tem suas vantagens no desenvolvimento de exatidão de observação, em assegurar cada passo antes de dar o próximo, não tenho qualquer dúvida de que tenha sido o melhor para uma pessoa de meu temperamento; foi provavelmente o único caminho possível para mim; mas não procede que outras pessoas não possam ter outras oportunidades.

Aconteceu-me, no curso de meu trabalho, entrar em contato com alguns daqueles que estão se submetendo a treinamento ocultista; e talvez o fato que emerge mais proeminentemente de minha experiência naquela direção seja a maravilhosa variedade de métodos utilizada por nossos Mestres. O treinamento é tão proximamente adaptado ao indivíduo que não é o mesmo em dois casos; não apenas cada Mestre tem Seu próprio plano como o mesmo Mestre adota diferentes esquemas para cada pupilo e assim cada pessoa é levada pela linha que mais lhe convém.

Um notável exemplo dessa variabilidade de método me chamou a atenção há não muito tempo, e penso que uma explanação poderá talvez ser útil a alguns de nossos estudantes. Deixem-me primeiro lembrar-lhes do modo curiosamente invertido que o ego está refletido na personalidade; o *manas* superior ou intelecto faz sua imagem no corpo mental, a intuição ou *buddhi* se reflete no corpo astral e o espírito ou o próprio *Atma* de alguma maneira corresponde ao físico. Essas correspondências se mostram nos três métodos de individualização, e fazem seu papel em certos desenvolvimentos internos; mas até recentemente não havia ocorrido que eles poderiam ser tornados práticos em um estágio muito anterior para o aspirante a progresso oculto.

Certo estudante de natureza profundamente afetiva desenvolveu intenso amor pelo professor que havia sido indicado pelo seu Mestre para assisti-lo no treinamento preliminar. Ele fez prática diária de formar uma forte imagem mental do professor e então derramar sobre ela todo seu amor com toda sua força, inundando com isso seu próprio corpo astral com carmesim e assim aumentando muito seu tamanho, temporariamente. Ele costumava chamar o processo de "aumentar sua aura". Ele demonstrou tão notável aptidão nesse exercício, e era tão obviamente benéfico para ele que lhe foi sugerido um esforço adicional na mesma linha. Foi-lhe recomendado, enquanto mantendo a imagem claramente à sua frente e emitindo sua força-amor tão fortemente como sempre, tentar elevar sua consciência a um nível superior e unificá-la com a de seu professor.

Sua primeira tentativa de fazê-lo foi surpreendentemente bem sucedida. Ele descreveu a sensação como a de, realmente, subir através do espaço; ele achou o que imaginou ser o céu, como um teto barrando seu caminho, mas a força de sua vontade pareceu formar uma espécie de cone nele, que se transformou num tubo através do qual ele se sentiu correr. Ele emergiu numa região de luz ofuscante que era ao mesmo tempo um mar de felicidade tão estonteante que ele não pôde encontrar palavras para descrever. Não foi, nem ao mínimo, semelhante a qualquer coisa que tivesse sentido antes; pegou-o como que definitiva e instantaneamente, como uma mão gigantesca o faria, e permeou toda sua natureza, por um momento, como um fluxo de eletricidade. Foi mais real que qualquer objeto físico que ele jamais vira e ainda assim, ao mesmo tempo, tão totalmente espiritual. "Foi como se DEUS me tivesse levado para dentro Dele e eu senti Sua vida correndo através de mim", disse.

Ele gradualmente recuperou-se e era capaz de examinar sua condição; quando assim o fez, começou a perceber que sua consciência não era mais limitada como vinha sendo até agora — que ele estava de alguma maneira presente em cada ponto daquele maravilhoso mar de luzes; tanto que, de alguma maneira inexplicável, ele próprio *era* aquele mar, mesmo sendo, aparentemente e ao mesmo tempo, um ponto flutuando nele. Pareceu-nos que ele estava procurando palavras para expressar a consciência que, como Mme. Blavatski o coloca tão bem, tem "seu centro em tudo e sua circunferência em nenhum lugar".

Maior realização o fez ver que tinha sido bem-sucedido em seu esforço de tornar-se um com a consciência de seu professor. Ele viu-se compreendendo profundamente e partilhando os sentimentos daquele professor, e possuindo uma visão mais ampla e elevada da vida que a tinha até então. Uma coisa que o impressionou imensamente foi a imagem dele mesmo, como se vista através dos olhos do professor; preencheu-o com uma sensação de inutilidade e, ainda assim, de grande resolução; como ele extravagantemente o colocou.

"Encontrei-me amando a mim mesmo através do intenso amor de meu professor por mim, e eu sabia que podia e me faria merecedor dele."

Ele sentiu também uma profundidade de devoção e reverência que jamais alcançara antes; sabia que, em se tornando um com seu amado professor terreno, também havia adentrado o santuário de seu Mestre, com quem aquele professor, por sua vez, era um, e ele fracamente sentiu-se em contato com uma Consciência de esplendor inimaginável. Mas então sua força lhe faltou; ele parecia escorregar por seu tubo, para baixo novamente, e abriu seus olhos para o plano físico.

Consultado sobre sua experiência transcendental, inquiri-o minuciosamente e, facilmente, me satisfiz de que se tratava inquestionavelmente de uma entrada no mundo búdico, não por progresso laborioso mas por um caminho direto ao longo do raio do reflexo do mais alto dos subplanos astrais ao inferior dos subplanos do mundo intuitivo. Perguntei quanto aos efeitos físicos e descobri que não houvera absolutamente nenhum; o estudante estava em radiante saúde. Assim, recomendei que ele repetisse o esforço, e que ele deveria tentar, com a maior reverência, forçar ainda mais para cima, e elevar-se, se fosse possível, àquela outra Augusta Consciência. Pois eu via que ali tínhamos um caso daquela liga de amor de ouro e vontade de ferro que é tão rara em nosso Astro de Sofrimentos; e sabia que um amor que é intrinsecamente inegoísta e uma vontade que não reconhece obstáculos podem levar seu possuidor aos próprios pés de Deus.

O estudante repetiu sua experiência, e outra vez teve sucesso além de qualquer esperança ou expectativa. Ele foi capaz de adentrar aquela Consciência Maior e ele pressionou para cima, nela, como se estivesse nadando num vasto lago. Muito do que ele trouxe de volta consigo não pôde compreender; pedaços de glórias inefáveis, fragmentos de concepções tão vastas e maravilhosas que nenhuma mente meramente humana as pode compreender em sua totalidade. Mas ele ganhou uma nova idéia do que poderia ser amor e devoção — um ideal pelo qual lutar pelo resto de sua vida.

Dia após dia ele continuou seus esforços (achamos que uma vez por dia era quão freqüentemente poderia ser tentado sabiamente); mais e mais ele penetrou naquele grande lago de amor, e não encontrou fim para ele. Mas gradualmente tornou-se consciente de algo ainda maior; de alguma forma, ele sabia que esse indescritível esplendor era permeado de uma glória sutil ainda mais inconcebivelmente esplêndida, e tentou elevar-se a ela. E quando obteve sucesso sabia, por suas características, que aquela era a consciência do Grande Professor Mundial. Tornando-se um com seu próprio professor terreno tinha inevitavelmente se juntado à consciência de seu Mestre, com quem aquele professor já estava unido; e nessa outra experiência ainda mais maravilhosa ele provava a união próxima que existe entre aquele Mestre e o Bodhisattva, que por sua vez o havia ensinado. Naquele mar sem praias de Amor e Compaixão ele mergulha diariamente em sua meditação, com tal elevação e força para si mesmo como pode ser facilmente imaginado; mas ele não pode jamais atingir seus limites pois nenhum mortal pode aprofundar-se num oceano como aquele.

Tentando sempre penetrar mais e mais profundamente nesse maravilhoso novo reino que se abrira tão repentinamente perante ele, teve sucesso um dia em atingir desenvolvimento ainda maior — uma felicidade tão mais intensa, um sentimento tão mais profundo que lhe pareceu, a princípio, tão mais elevado quanto seu primeiro contato búdico estivera acima de suas antigas experiências astrais. Observou ele:

"Se não soubesse que ainda me é impossível atingi-lo, deveria dizer que isso deve ser o Nirvana".

Na realidade era apenas o próximo subplano do búdico — o segundo de baixo e o sexto, de cima; mas sua impressão é significativa para mostrar que a consciência não apenas se expande à medida que subimos mas a proporção a que se expande aumenta rapidamente. Não apenas o progresso é acelerado mas o índice de aceleração aumenta em progressão geométrica. Agora esse estudante atinge esse subplano mais elevado diariamente e com a maior naturalidade e está trabalhando vigorosa e perseverantemente na esperança de avançar ainda mais. E o poder, o equilíbrio e a certeza que isso introduz em sua vida física diária é surpreendente e bonito de se ver.

Outro fenômeno que ele observa, acompanhando este, é que a intensa felicidade daquele plano superior agora persiste além do tempo da meditação e está se tornando mais e mais parte de sua vida como um todo. A princípio essa persistência durava uns 20 minutos após cada meditação; depois alcançou uma hora; depois duas horas; e ele aguarda confiantemente quando ela virá a tornar-se uma possessão permanente — parte dele mesmo. Um notável aspecto do caso é que sua prodigiosa exaltação diária não é seguida de quaisquer sinais da menor reação ou depressão mas, ao contrário, produz uma radiação e solaridade sempre crescentes.

Acostumando-se mais e mais a funcionar nesse mundo mais elevado e glorioso, começou a ficar atento a si até certo ponto e estava em condições de identificar-se com muitas outras consciências menos exaltadas. Ele as encontrou existindo como pontos dentro de seu eu expandido, e descobriu que concentrando-se em qualquer um desses pontos, podia, de uma vez, perceber elevadas qualidades e aspirações espirituais da pessoa que ele representava. Procurando simpatia mais detalhada com alguns que ele conhecia e amava, discerniu que esses pontos de consciência eram também, como ele o colocou, furos através dos quais ele podia deixar-se fluir para seus veículos inferiores; e assim ele entrou em contato com aquelas partes de suas vidas e disposições que não podiam encontrar expressão no plano búdico. Isso deu-lhe a simpatia com os caracteres, uma compreensão de suas fraquezas que era realmente notável e, provavelmente, não poderia ter sido obtida de nenhuma outra maneira — uma qualidade muito útil para o trabalho do discípulo no futuro.

A maravilhosa unidade daquele mundo intuitivo manifestou-se a ele em exemplos insuspeitados. Segurando em suas mãos, um dia, o que ele considerava um pequeno objeto bonito, parte do qual era branca, ele caiu em uma espécie de êxtase de admiração por sua forma graciosa e colorido harmonioso. Repentinamente, através do objeto, enquanto o fitava, ele viu desdobrar-se uma paisagem, como se o objeto se tivesse transformado numa minúscula janela ou talvez num cristal. A paisagem é uma que ele conhece e da qual gosta muito, mas não havia razão óbvia para que o objeto a trouxesse à sua frente. Um aspecto curioso é que a parte branca do objeto estava representada na paisagem por imensas acumulações de nuvens, que ele viu como flutuando no céu de seu quadro.

Impressionado por esse fenômeno totalmente inesperado, tentou a experiência de elevar sua consciência enquanto enlevado na beleza do cenário. Ele teve a sensação de passar através de algum meio resistente para um plano superior e achou que o cenário à sua frente havia se tornado algo estranho para ele, mas ainda mais bonito do que aquele que ele tão bem conhecia. As pilhas de nuvens brancas se haviam transformado numa montanha coberta de neve com sua longa linha serpeando até um mar de cor mais rica que qualquer um que tivesse visto em sua encarnação. As baías pedregosas, os edifícios e a vegetação lhe eram todos estranhos, apesar de muito conhecidos para mim; e com um pouco de questionamento cuidadoso logo deduzi, sem sombra de dúvida, que o cenário que ele estava olhando era o que eu suspeitava — um cenário físico real, mas um que ficava a milhares de milhas do lugar em que se encontrava olhando para ele. Sendo que aquele lugar sagrado está sempre em minha mente, mesmo que eu não estivesse pensando nele naquele momento, o que o estudante viu pode ter sido uma forma de pensamento minha.

Imagino que até esse ponto o que acontecera pode ser simplesmente descrito. Presumo que a emoção do estudante estava excitada por sua admiração, e que as vibrações intensificadas causadas dessa maneira o fizeram capaz de vislumbrar uma visão que não era fisicamente visível mas que estava totalmente ao alcance astral. A tentativa de pressionar adiante abriu temporariamente o sentido mental e, através dele, ele foi capaz de ver minha forma de pensamento — se é que era uma forma de pensamento.

Mas o estudante não se deu por satisfeito com aquilo; ele repetiu sua tentativa de forçar ainda mais para cima, ou como ele o coloca mais profundamente, em direção ao real significado de tudo aquilo. Mais uma vez ele teve a experiência de atravessar um estado mais exaltado de matéria mais refinada; e desta vez não foi uma cena terrena que recompensou seus esforços, pois o primeiro plano desabrochava num universo ilimitado cheio de massas de cores esplêndidas pulsando de vida gloriosa, e a montanha coberta de neve transformou-se num grande Trono Branco mais vasto que qualquer montanha, velado em deslumbrante luz dourada.

Um fato estranho ligado a essa visão é que o estudante que teve tal experiência desconhece totalmente as escrituras Cristãs e não tinha conhecimento de qualquer texto delas que tivesse qualquer conexão com o que ele via. Perguntei-lhe se poderia repetir sua experiência à vontade; ele não sabia; mais tarde tentou e conseguiu, passando outra vez por aqueles estágios na mesma ordem, dando alguns detalhes adicionais sobre a paisagem estrangeira que me provaram que isso não era apenas um feito da memória; e dessa vez o vidente atemorizado sussurrou que por entre as fulgurações daquela luz ele teve uma vez um relance do contorno do Todo-Poderoso que se senta sobre o Trono. Isso, vocês poderiam dizer, também poderia ser uma forma de pensamento de algum Cristão de vívida imaginação. Talvez; mas, quando alguns dias mais tarde perguntei a um dos Sábios que significado deveríamos atribuir a tal visão, Ele respondeu:

"Você não vê que, se existe apenas Um Amor, assim também só Uma Beleza? Tudo o que é belo, em qualquer plano, é assim por ser parte daquela Beleza, e se é empurrada para trás suficientemente longe, sua conexão deverá manifestar-se. Toda Beleza é de Deus, como todo Amor é de Deus;

através dessas Suas Qualidades os puros de coração sempre poderão alcançá-lo".

Nossos estudantes fazem bem em pesar essas palavras, e seguir a idéia nelas contida. Toda beleza, seja de forma ou de cor, seja na natureza ou na moldura humana, em grandes realizações artísticas ou no mais simples utensílio doméstico, não é mais que a expressão da Beleza Una; e, portanto, mesmo na menos elevada das coisas belas, toda a beleza está contida, e assim, através dela, toda a beleza pode ser compreendida e Aquele que é a Própria Beleza pode ser alcançado. A compreensão total disso exige a consciência búdica através da qual nosso estudante atingiu sua realização; mas mesmo a níveis muito menos elevados, a idéia pode ser útil e frutífera.

Admito plenamente que o estudante cujas experiências venho descrevendo é excepcional — que ele possui uma força de vontade, um poder de amor, uma pureza de coração e um absoluto inegoísmo que são, infelizmente, muito incomuns. Mesmo assim o que ele fez com tão marcado sucesso pode certamente ser copiado, até certo ponto, por outros menos dotados. Ele desdobrou sua consciência a um plano que não é alcançado normalmente por aspirantes; ele está rapidamente construindo para si um veículo capaz e muito valioso lá — pois esse é o significado da crescente persistência da sensação de felicidade e poder. Esta é uma linha definida de progresso, e não um mero exemplo isolado, como pode ser demonstrado pelo fato de mesmo o desenvolvimento búdico anormal estar produzindo seus efeitos sobre os corpos causal e mental, aparentemente negligenciados, estimulando-os à ação de cima ao invés de deixá-los ser laboriosamente influenciados por debaixo, como é usual. Todo esse sucesso é o resultado de perene esforço ao longo da linha que descrevi.

"Ide e fazei o mesmo." Nenhum mal pode vir a qualquer homem, de uma tentativa séria de aumentar seu poder de amor, seu poder de devoção e seu poder de apreciar beleza, e através de tal tentativa é ao menos possível que ele obtenha um progresso que não sonhava. Lembrem-se apenas de que nesse caminho, como em todos os outros, o crescimento é atingido apenas por aquele que deseja não para si mas pela finalidade de servir. Esquecimento do eu e um ávido desejo de ajudar a outros são as mais proeminentes características do estudante cuja estória interior aqui contamos; essas características *precisam* ser igualmente proeminentes em qualquer um que aspire a seguir seu exemplo; sem elas nenhuma consumação como aquela é possível.

Capítulo IV

Um Exemplo de Desenvolvimento Psíquico

No capítulo anterior dei um exemplo do desabrochar anormalmente rápido da faculdade búdica, por meio do poder de amor; o caso que descreverei pertence a outra linha, pois dessa vez é a faculdade do corpo causal que é elevada através do veículo mental, colocando um esforço desmedido no cérebro físico. Mas, neste caso, não posso dizer a nossos leitores "Ide e fazei o mesmo", pois o esforço mental é um sério perigo. Aconteceu uma vez de levar a desenvolvimento psíquico; mas com muito maior freqüência resulta em colapso nervoso dos mais graves ou mesmo em lesão cerebral ou insanidade. O relato que me foi enviado é o seguinte:

"Quando eu estava na Faculdade (por volta de 1910) iniciei o estudo de Cálculo que, como se sabe, é a matemática das quantidades variáveis, o estudo de corpos em movimento e afins. Por uma série de motivos, não pude fazer jus ao trabalho dia após dia e por volta do final do segundo período, quando se aproximava o dia do exame, disse-me o professor que meu trabalho vinha sendo tão insatisfatório que, a menos que eu fizesse algum milagre no exame, ele não poderia me recomendar para aprovação naquela matéria; eu compreendia perfeitamente que ele tinha razão e saí à procura de como eu poderia possivelmente conseguir uma boa nota no exame para compensar o mau trabalho do ano. Rapidamente descobri que seria impossível, nos poucos dias que me restavam, compreender totalmente a matéria, e a única esperança estaria em memorizar as fórmulas e aplicá-las de maneira mecânica a problemas dados no exame. Assim passei a trabalhar, primeiro para entender as definições usadas nos livros-textos e, segundo, para aprender todas as fórmulas importantes. Trabalhei duramente, noite adentro, negligenciando outros assuntos nos quais me sentia seguro de qualquer forma, e recorri a toda sorte de artifícios para ganhar tempo e ficar acordado. Pouco a pouco cobri toda a parte importante, mas apenas memorizando, às vezes até visualizando a *aparência* de uma página ou parágrafo. No dia do exame estava totalmente fatigado fisicamente, mas extraordinariamente vívido mentalmente. Compareci pontualmente, apliquei meus estudos de última hora ao exame e, como subseqüentemente constatei, escrevi um trabalho com apenas um pequeno erro de computação aritmética, ou coisa assim. Essa era a *performance* inesperada que o professor pedira e ele coerentemente deu-me a aprovação.

"Agora entra em evidência o objetivo deste relato. Em poucos dias descobri, como é comum nesses casos, que todo o material que eu havia abarrotado dentro de minha cabeça era uma confusão que rapidamente desaparecia; mas com seu desaparecimento, e quando recuperei minha forma física (principalmente através de longas horas de sono), descobri que eu realmente fizera alguma coisa, ou dano ou benefício, à minha máquina mental e que minha habilidade de visualizar coisas em minha mente estava tremendamente aumentada. Agora descobria que quando voltava minha mente a alguma coisa que eu vira ou vivera, mesmo anos antes, a imagem me voltava, não de sua maneira ordinariamente vaga, mas com a maior clareza de detalhes, com características acompanhantes de todas as formas. Por exemplo, se estivesse lembrando uma cena numa floresta, podia realmente *cheirar* a terra úmida ou o fogo queimando! Isso me divertia muito, pois era possível retornar ao passado em momentos de excessivo brilho. Após um tempo, porém, o poder de comandar essa estranha faculdade desvaneceu e tive de contentar-me com explosões instantâneas que surgiam de quando em quando e, então, através de associação. Com a visão de uma cor ou com algum cheiro, esse poder latente me poria repentinamente em algum outro tempo e lugar. Afortunadamente, sempre pude banir a imagem mental mesmo não podendo chamá-la.

"Após um tempo, isso gradualmente desvaneceu-se a um menor grau de brilho, e eu era apenas ocasionalmente fortificado por esse aniquilamento de tempo e espaço."

"Mas agora, ultimamente, tem havido um retorno da coisa antiga, numa nova fase. Durante o último ano tive que aprender as regulamentações governamentais para um negócio que estou empreendendo. Isso precisava ser feito rapidamente; e descubro que, com tal esforço, há um retorno do resultado que sucedeu o esforço anterior e, como é prazeroso notar, com dois novos aspectos; primeiro, que estou muito mais capaz de comandar e manter qualquer imagem que apareça, e, segundo, que posso *magnificar* a cena até certo ponto. Assim, se o quadro inclui uma parede à distância, posso, ocasionalmente, aumentá-lo até que as fendas se tornem visíveis. E, o que me deixou excessivamente atônito, se há um perfume, digamos de flores presentes, o mesmo poder microscópico pode ser acionado! Mas o resultado não é intensificação do perfume, como se poderia precipitadamente concluir, mas uma maior *aspereza*. Quero com isto dizer que, em vez de tornar-se mais grosso, assim como um óleo espesso é mais grosso que água, o perfume perde sua suavidade e se torna (se se pudesse senti-lo) como um pano de lã, ou uma caixa de areia. Por alguma razão não posso fazer esse mesmo truque de amplificação com som. No momento não há nenhum sinal de diminuição dessa curiosa fase de memória, mas não tenho dúvidas de que desaparecerá em grande parte, uma vez que sou muito ocupado para me dedicar a cultivá-la".

O que acontece nesse caso é óbvio para qualquer um que tenha tido experiência no uso das faculdades superiores. Em vez de usar sua memória de maneira comum, o estudante entra em contato com as Gravações; e isso significa que, até certo ponto, ele está empregando as faculdades de seu corpo causal. Estamos longe de ter certeza quanto ao método exato de memória comum, pois o assunto ainda não foi investigado; mas é claro que uma vibração no corpo mental é uma parte do que ocorre, e que o corpo causal não é envolvido de nenhuma forma. Na leitura das Gravações, é precisamente através desse revestimento posterior que o trabalho é feito, e o corpo mental vibra apenas em resposta à atividade do causal. Por tal razão nenhuma leitura satisfatória ou confiável das Gravações pode ser feita sem o definitivo desenvolvimento do veículo do ego.

Da descrição dada pelo nosso estudante, é claro que ele estava usando seu corpo causal nos relances do passado que relata. É também evidente que aquele veículo foi acordado pela pressão desmedida sobre a mente, por seu estouvado excesso de trabalho. A maioria dos homens teria arruinado sua saúde por toda a vida se houvesse se esforçado a tal ponto; por acaso ele é um em um milhão que conseguiu fazer isso e sobreviver. O resultado é que sua persistência constante em manter altas ondas mentais colocou seu corpo causal em atividade, dotando-o assim de uma faculdade diferente de qualquer uma que possuísse antes.

Até agora, parece acordar apenas quando ele volta seus pensamentos ao passado e apenas em conexão com cenas que já lhe são familiares; mas é provável que ele brevemente descubra que pode estender seu trabalho de diversas maneiras. Quando uma cena está clara na mente, seria possível mover-se para frente ou para trás e assim recuperar a memória de grandes partes da vida anterior. Talvez se pudesse, dessa maneira, voltar a memória à infância — até ao próprio nascimento e mesmo para trás; houve aqueles que, desta forma, atingiram conhecimento total de encarnações anteriores. A prática leva à perfeição; e é encorajador o fato de o poder estar agora muito mais sob controle do que antes. A faculdade de magnificação é outra prova conclusiva de que é o corpo causal que está sendo usado; essa característica também pode ser aumentada gradualmente e, quando totalmente à disposição do estudante, pode ser usada (por exemplo) para pesquisas em química oculta.

A descrição da maior "aspereza" do perfume é muito característica. O real processo de magnificação consiste, não em aumentar o tamanho do objeto examinado, mas em diminuir a lente física através da qual o objeto é visto. Em antigas escrituras se diz que o operador se faz tão pequeno quanto o quer; assim, o órgão de visão que ele usa se torna comensurável com o tamanho microscópico daquilo que ele observa. Conseqüentemente as minúsculas partículas físicas que acionam o sentido de odor se tornam individualmente identificáveis, como grânulos de uma lixa, produzindo-se assim a sensação de aspereza. É uma coisa difícil de descrever em palavras, mas qualquer um que tenha usado a faculdade superior reconhecerá de imediato a tentativa de descrição feita pelo nosso estudante.

Há que se congratulá-lo pelo seu resultado, mesmo não podendo recomendar seu método para a imitação de outros. Tal desenvolvimento virá fácil e naturalmente quando, no decorrer da evolução humana, a mente tiver crescido até quase o limite de suas capacidades; mas em nosso presente estágio tal pressão é muito perigosa. Que mesmo esse desabrochar parcial tenha sido atingido com segurança, é um sinal dos tempos — um sinal da força do fluxo espiritual que mesmo agora está se derramando sobre o mundo.

Capítulo V

Tempo

Há dois tipos de tempo: nosso tempo e o tempo de Deus; dois, no mínimo, mas provavelmente muitos mais; pois enquanto sabemos de algo de nossa própria capacidade, não temos meios de medir a capacidade divina. Nossa consciência é um ponto, movendo-se sempre do passado ao futuro. Damos o nome de "presente" ao momento que divide os dois; mas esse "presente" é uma ilusão; é evanescente — um mero fio de navalha. Mesmo quando pensamos a respeito daquele momento ele já se tornou passado, e outro momento é, para nós, presente.

Nossa consciência se move ao longo de uma certa linha — digamos, a título de ilustração, do sul para o norte. Nossa memória inclui mais ou menos precisamente aquela parte da linha sobre a qual já passamos, mas não aquela que temos pela frente; e normalmente consideramos o que chamamos de passado, irrevogável, enquanto reconhecemos que possuímos algum poder para moldar o futuro. É assim porque pensamos que o ponto que é nossa consciência já se moveu ao longo de uma certa linha que não pode ser alterada; mas que seus futuros movimentos podem, até certo ponto, ser controlados, já que nos parece que os eventos futuros ainda não aconteceram. É verdade que ainda não aconteceram *para nós*; talvez fosse mais verdadeiro dizer que ainda não chegamos a eles. Nos será útil conseguir compreender a idéia de que não somos aquele ponto de consciência — ou melhor, que somos muito mais do que aquilo. Somos *toda a linha*, e o ponto de consciência está passando de uma para outra parte de nós. Está dentre nossas possibilidades acordar o nosso todo, estar conscientes de nós como uma linha e não meramente como um ponto; e quando isso tivermos conseguido atingir, teremos transcendido a ilusão de *nosso* tipo de tempo, pois o passado e o futuro estão igualmente à nossa frente.

Tomemos a analogia de um trem, que podemos supor estar viajando do sul para o norte. Movemo-nos ao longo daquela linha e em dado momento vemos o que é visível daquele ponto especial em que nos encontramos. Lembramos tanto quanto tivermos observado da paisagem através da qual passamos; mas ignoramos o cenário que está à nossa frente, se esta é nossa primeira viagem ao longo daquela linha. Sabemos, no entanto, que a estrada toda existe o tempo todo, e que os objetos que vemos em sucessão estão todos existindo simultaneamente; e não nos é difícil imaginar uma condição em que, estando simultaneamente presente em todos os pontos, poderíamos ter todo o panorama à nossa frente de uma vez. Escalando uma montanha alta ou subindo num balão poderíamos, até certo ponto, compreender tal idéia, à exceção de que, nesse caso, o ponto de vista teria mudado totalmente e assim a analogia seria imperfeita.

Mas havemos de compreender que ainda há um outro movimento acontecendo — um movimento do qual estamos, normalmente, totalmente inconscientes. Podemos caracterizá-lo de movimentação lateral da linha — digamos de oeste para leste. Assim que, supondo todo esse movimento estar acontecendo num quadrado, nos pareceria que nossa evolução consiste de um movimento em direção ao norte numa linha paralela aos lados do quadrado, e atingir o norte pareceria o fim e o objetivo de tal evolução. Mas o verdadeiro objetivo real durante todo o tempo não é o norte, mas sim o canto nordeste; e há um outro tempo movendo-se em ângulos retos com nosso tempo, que carrega com ele nosso passado e nosso futuro, bem como essa flutuante ilusão que chamamos de nosso presente. Na analogia da estrada de ferro, este tempo é tipificado pela rotação da terra que, durante todo o tempo, carrega toda a estrada de ferro (com nosso trem sobre ela) de oeste para leste, apesar de não sabermos de nada disso através de nossas sensações físicas.

Esse outro tempo é o tempo de Deus; e *naquele* tempo, o que chamamos de nosso passado não é irrevogável, mas está mudando constantemente, apesar de sempre na direção de aperfeiçoamento, ou de evolução. Pode-se dizer que eventos do passado não podem ser mudados; mas tal afirmação é, afinal, apenas uma presunção. Os acontecimentos importantes do passado são nossos contatos com outros egos, nossa relação com eles; e essas relações *estão* sendo mudadas, saibamos ou não, pois estão nessa direção em ângulos retos com o que *nós* chamamos tempo, que no presente não temos condições de apreciar.

Mas assim como nos é possível agora tornar-mo-nos conscientes ao longo de toda nossa linha em vez de apenas num ponto dela, num futuro distante nos será possível atingir consciência que poderá conter *todo o quadrado,* uma consciência equivalente ao que agora nos parece ser a Consciência Divina. Então, provavelmente, todo o processo se repetirá e deveremos descobrir que o quadrado todo se move em ângulos retos a si mesmo; mas é melhor tentar compreender uma faceta da idéia de cada vez. Da mesma maneira que nossa estrada de ferro não está sendo apenas girada de oeste para leste conforme a terra gira em torno de seu eixo, mas também sendo carregada através do espaço, e muito mais rapidamente, com o movimento da terra ao redor do Sol; e tem ainda um movimento adicional e bem diferente enquanto o sistema solar todo se revolve em sua órbita incalculável ao redor de um sol central distante.

Essa visão transcendental de tempo foi expressada muito belamente pelo falecido Sr. C. H. Hinton em sua estória *Stella*:

> Se tu sentisses eternidade, saberias que jamais tu estás separado de qualquer pessoa com quem jamais tenhas estado. Tu chegas a uma parte diferente de ti a cada dia, e pensas que a parte que está separada no tempo se foi, mas em eternidade, ela está sempre ali.
>
> Se tu sentisses eternidade, saberias que o que tu fizeste a uma pessoa e o que ela fez a ti está mudando gradualmente. Tu pensas que passou e está feito, mas em eternidade o que vós fizestes um ao outro está sempre lá e mudando e alterando sempre. Na medida em que crescerdes e melhorardes, o outro agirá diferentemente e tu agirás diferentemente.
>
> Se tu sentisses eternidade, saberias que tu estás sempre vivendo em tua *vida toda,* que ela está sempre mudando, apesar de com teus olhos tu poderes ver apenas a parte em que estás agora. O presente é apenas uma concentração, como atender a uma coisa de cada vez.

* * *

O Presente é o filho do Passado; o Futuro, o primogênito do Presente. E ainda assim, oh! momento presente! soubesses tu que não tens pai, nem podes ter filho; que tu não procriarás que não a ti mesmo? Antes mesmo que tenhas começado a dizer: "sou o descendente do momento passado, o filho do Passado" terás te transformado no próprio Passado. Antes que digas a última sílaba, olhe! tu não és mais aquele Presente, mas realmente aquele Futuro. Assim, o Passado, o Presente e o Futuro são a eterna Trindade em um — o Mahamaya do É Absoluto. — "A Doutrina Secreta", Vol. II, pág. 466.

* * *

"Tempo" é apenas uma ilusão produzida pela sucessão dos nossos estados de consciência enquanto viajamos através da Duração Eterna... o Presente é apenas uma linha matemática que divide aquela parte da Duração Eterna que chamamos Futuro, daquela parte que chamamos Passado. Nada na terra tem duração real... e a sensação que temos de ser real a divisão de Tempo conhecida como o Presente vem da indefinição da visão ou sucessão de visões momentâneas das coisas que nossos sentidos nos dão, à medida que as coisas passam da região de ideais que chamamos de Futuro, à região de memórias que chamamos Passado... Ninguém diria que uma barra de metal caída no oceano passou a existir quando deixou o ar e deixou de existir quando entrou na água e que a própria barra consiste apenas daquela pequena intersecção que em algum dado momento coincide com o plano matemático que separa e ao mesmo tempo une a atmosfera e o oceano. Da mesma forma pessoas e coisas; que — saindo do "a ser" para o "sido", saindo do Futuro para o Passado — apresentam momentaneamente a nossos sentidos como que uma intersecção de seu ser total enquanto passam (como Matéria) através do Tempo e do Espaço em seu caminho de uma eternidade a outra. — "A Doutrina Secreta", Vol. I, pág. 69.

Capítulo VI

Inspiração

Conforme nossa consciência começa a abrir-se a influências de mundos superiores, tendemos a entrar mais e mais em contato com o fenômeno chamado inspiração. Em todos os grandes movimentos espirituais ocorreram fluxos de força oriunda de planos superiores, e não há razão para supor que o mais recente desses movimentos variará em tal aspecto com relação a manifestações mais antigas. A maior parte de nossos membros sabe que tivemos um notável exemplo de tal fluir num dos encontros da Ordem da Estrela, em Benares, a 20 de dezembro de 1911, e deve haver muitos que sentiram o mesmo, em grau menor, em outros encontros.

Todo este tema, essa inspiração, esse fluir de influência, é de tão grande interesse, que nos é proveitoso tentar compreendê-lo. Falamos em inspiração habitualmente, mas em geral ela não é compreendida em absoluto, e a palavra é usada para designar fenômenos de tipos diferentes. A manifestação à qual acabamos de nos referir, ainda que totalmente espontânea e inesperada, faz parte, até certo ponto, da natureza daqueles fluxos periódicos de poder superior sobre diversas pessoas simultaneamente, no qual religiões freqüentemente se apóiam para dar ajuda e força a seus seguidores. Essas inspirações públicas e gerais, se assim podemos chamá-las, são em si mesmas assunto de grande interesse ao qual muito pouca atenção científica foi dedicada. Recentemente fiz um cuidadoso estudo dela em conexão com certos serviços cristãos e publiquei o resultado num livro intitulado "The Science of the Sacraments". Espero ver o mesmo trabalho realizado por pessoas qualificadas de cada uma das grandes religiões do mundo; pois é um lado da influência religiosa que tem sido muito negligenciado, e que me parece ser de grande importância.

Porém não é sobre tentativas de afetar a consciência coletiva que desejo escrever aqui, mas sim a respeito de inspirações individuais e da possibilidade de encontrá-las no decorrer do nosso progresso. Há porém um outro sentido no qual a palavra é usada, a respeito do qual seria necessário, primeiramente, fazer uma breve alusão.

Os menos inteligentes dentre os Cristãos nos contam que suas escrituras são inspiradas diretamente pelo Espírito Santo; muitos Cristãos se atêm a uma inspiração geral que previniria qualquer erro grave, mas há também muitos que a levam adiante e dizem que as próprias palavras são assim inspiradas. Sinto dizer que eles às vezes se tornam ridículos, levando essa interpretação ainda mais adiante e dizendo que cada palavra da tradução inglesa deveria ser necessariamente inspirada diretamente por Deus. Na realidade acredito que muitas pessoas que o vêem sob esse prisma crêem que as mensagens originais foram transmitidas em inglês! A abordagem mais próxima da realidade é a teoria de que o mesmo Espírito Santo que inspirou os escritores originais também desceu sobre os tradutores e os fez executar seu trabalho com correção verbal.

Temo que a correção verbal às vezes nos escape, mas há que ser dito, em favor da idéia deles, que a tradução inglesa das Escrituras Cristãs, em muitos aspectos, é mais fina que o original. Se ocorrer em seu caminho, como aconteceu no meu como estudante da divindade, consultar o original e compará-lo em considerável detalhe com a tradução, penso que não poderão deixar de ficar estupefatos, especialmente no que se refere ao Velho Testamento, com o fato de o original não parecer tão poético, tão esplêndido em muitos aspectos, tão bela e musicalmente expresso. Há alguma justificativa para a teoria de que os tradutores do Rei James seriam as pessoas realmente inspiradas, e aqueles que sabem algo a respeito da influência que Ele, que agora chamamos Conde de St. Germain, exerceu sobre aquela tradução estarão preparados para acreditar que há muito de verdade por detrás daquela teoria da versão para tão magnífico inglês das escrituras que teriam, naquela língua especialmente, tão grande influência mundial. Se comparamos a tradução francesa da Bíblia com a inglesa, penso que concordaremos que a primeira é pobre na comparação e absolutamente não dá o mesmo efeito — que nossos irmãos Cristãos na França perdem muito pelo fato de suas escrituras não serem, de modo algum, expressadas de forma tão poética e feliz como nossa própria tradução. A tradução de Lutero para o alemão é um pouco melhor, mas mesmo essa, penso, fica muito abaixo da versão inglesa. Falo da antiga versão autorizada inglesa; a versão revisada é mais correta em alguns aspectos, mas perdeu em muitos casos a velha poesia e a velha inspiração.

Mas a realidade da Inspiração não é tão ortodoxa como as pessoas imaginam. Alguns Cristãos aparentemente acreditam que Deus, o Espírito Santo, ditou palavra por palavra aquelas próprias escrituras, e absolutamente não se perturbam com o fato de que isso obviamente não é verdade, uma vez que o livro contém muito erros. Porém a par dessa crença tola, ocorre grande quantidade de inspiração de outro tipo, talvez não de fonte tão elevada como o supõe o Cristão mal-instruído, mas sim perfeita inspiração real, mesmo que não tome exatamente aquela forma.

Qualquer estudante de Teosofia deve saber que nossos Mestres, os verdadeiros Líderes da Sociedade, muitas vezes inspiraram seus oradores ou escritores; mas Eles não o fizeram assim como regra, através de ditado verbal de espécie alguma. Muito mais freqüentemente o fizeram projetando para a mente do orador ou escritor certas idéias, deixando-os vesti-las de suas próprias palavras. Isso é inquestionavelmente uma inspiração, pois *spiro* significa "eu respiro"; assim, inspiração é uma coisa respirada de fora para dentro, e aquelas idéias, naquela seqüência, não teriam ocorrido ao orador ou escritor sem aquela interferência. Essa espécie de inspiração, acredito, temos tido com grande freqüência.

Aqueles que assistiram às palestras de nossa venerada Presidente dificilmente deixaram de ficar atônitos com a maravilhosa eloqüência com a qual ela fala. Isso com certeza lhe é nato; um talento impagável que ela tem nesta vida, pois o adquiriu em muitas vidas de prática assídua de falar em público. Mas aquele que a ouve tão freqüentemente como a tenho ouvido, centenas de vezes provavelmente, logo notará que, a par de seus magníficos vôos de eloqüência, outras e diferentes formas de linguagem lhe vêm aos lábios, e que ela é às vezes inquestionavelmente guiada de fora quanto ao que deve dizer. Penso que ela própria diria: "às vezes sinto que meu Mestre me coloca idéias na mente, e que eu simplesmente as expresso"; ela até mesmo lhes contaria que houve ocasiões quando Ele realmente usou seus órgãos e falou Ele mesmo através dela. Eu mesmo ouvi isso acontecer em diversas ocasiões, e a mudança é muito marcante. Quando por si própria, nossa Presidente sempre fala em sentenças esplendidamente fluentes. Ouvi-a dizer, quando perguntada a respeito de sua eloqüência, "Enquanto estou dizendo uma sentença, vejo a próxima sentença no ar à minha frente em duas ou três formas diferentes, e escolho dentre elas a que penso será de maior efeito". Não tenho experiência própria desse tipo de coisa; esse talento não me foi dado; não possuo esse maravilhoso dom da eloqüência. Usamos essa expressão "dom" porque no que concerne a esta vida é um dom; mas lembrem-se que é o resultado de trabalho feito no passado.

Aqueles períodos vibrantes, aquelas sentenças moduladas e equilibradas — esse é o seu estilo quando falando por si mesma; mas seu Mestre fala normalmente em sentenças curtas e bruscas. Nesta encarnação, antes de resignar Seu lugar no mundo e tornar-se não exatamente um asceta, mas ao menos alguém que devota o todo de Sua vida a trabalho espiritual, Ele era um Rei na Índia, um comandante de tropas, acostumado a dizer exatamente o que Ele queria em sentenças militares, curtas e breves. Ele ainda faz assim e é realmente surpreendente observar o estilo de nossa Presidente repentinamente transformar-se em tom de comando, ouvi-lo alterar-se de cadências ritmadas para sentenças curtas, fortes — um estudo extremamente interessante para um estudante de psicologia. Essa é uma outra forma de inspiração.

Às vezes um espiritualista nos diz: "De que forma tal condição como a que tu assim nos descreves difere de mediunidade, à qual, como me contaram, tens uma decidida objeção?"

Respondo que a diferença é fundamental; as duas condições são tão distantes entre si como os pólos. Na mediunidade uma pessoa é passiva, e se abre à influência de qualquer entidade astral que por acaso esteja na vizinhança. Quando sob a influência, a pessoa normalmente está inconsciente e não sabe o que está sendo feito através de seu organismo nem quem o está fazendo; ela de nada lembra quando acorda de seu transe. Seu estado é realmente de obsessão temporária. Geralmente deve haver um homem morto encarregado dos procedimentos, que é chamado espírito-guia; mas vi diversos casos em que tal guia demonstrou ser totalmente incapaz de prover proteção suficiente, pois encontrou força muito mais forte que a sua própria, com resultados desastrosos para seu médium.

Se um de nossos Mestres escolhe falar através de um de seus pupilos, este está totalmente consciente do que está sendo feito, e sabe perfeitamente a quem está no momento emprestando seus órgãos vocais. Ele está ao lado de seu veículo, mas permanece absolutamente alerta e atento; ele ouve cada palavra que é transmitida através dele, acompanha com reverente interesse tudo o que acontece e se lembra de tudo claramente. Não há nada em comum entre os dois casos, exceto que em ambos o corpo de um homem é temporariamente usado por outro.

Nossos Mestres não raro fazem uso de Seus pupilos, nem sempre apenas falando ou escrevendo, mas de formas bem diferentes. No grande caso em Benares, a 28 de dezembro, nada foi dito por Alcyone além de uma ou duas palavras de bênção ao final da reunião — nada além disso; mas ainda assim, o fluxo da influência foi sentido por muitos. É costume do Mestre transmitir influência através de Seu pupilo, e freqüentemente essa influência pode não ser a que classificamos sob o termo "inspiração", ou seja, ela não induzirá o pupilo a fazer ou dizer qualquer coisa, mas será simplesmente um tremendo fluxo de força espiritual que poderá ser empregada em diversos objetivos; às vezes para a cura de alguma doença, mas mais freqüentemente para confortar alguém que esteja com problemas, para guiar alguém que esteja em grandes dificuldades.

Talvez essa seja uma das maneiras de serem respondidas orações. A maioria dos estudantes diria que a oração, no sentido usual da palavra, não é uma coisa à qual eles dêem muita importância — não uma coisa que eles recomendariam. Eu mesmo sinto, não apenas como Teósofo mas como bispo da Igreja Cristã, que rezar a Deus por qualquer coisa pessoal implica em falta de fé Nele; claramente implica que Ele precisa ser avisado do que é melhor para Seu povo. Nunca me senti tão seguro do que era melhor para mim a ponto de pensar estar em condição de ditar ao Supremo Senhor do céu e da terra. Sempre me pareceu que Ele deve saber tão melhor que eu e que, sendo um Pai amante (como estou absolutamente certo de que Ele é), já estaria fazendo tudo que pode ser feito por mim, e não precisa de solicitações minhas — mais especialmente sendo que minhas solicitações muito provavelmente seriam para alguma coisa que desejo, apesar de, em realidade, ela absolutamente não ser o melhor para mim. Portanto, sempre senti que qualquer coisa de natureza de oração pessoal é, até certo ponto, uma demonstração de desconfiança. Estou tão absolutamente convencido de que o que está sendo feito é o melhor que pode ser feito em qualquer circunstância e levando tudo em consideração, que jamais me ocorreria pedir ao Grande Arquiteto do Universo alterar Suas ordens para satisfazer-me. Não posso pensar que tal oração seja coisa louvável. Deveria considerar meditação ou aspiração uma forma melhor para expressar necessidades espirituais.

Mas um grande número de pessoas reza; e os Cristãos, os Hindus, os Maometanos, todos concordam em contar que orações são freqüentemente respondidas. Elas *são*. Pode ser que teoricamente elas não deveriam ser, mas *são*, e é inútil que uma investigação científica desconsidere fatos. Se, às vezes, orações são respondidas, como isto acontece? Pois é claro que não podemos supor que o Senhor Supremo do Universo deixe de lado Seu esquema a pedido do homem. Quem então ouve essas pequenas orações e até certo ponto lida com elas? Obviamente entidades inferiores de alguma espécie. Nossos irmãos Católicos Romanos nos contam que cada homem tem seu Anjo da guarda, que há grandes hierarquias de anjos sempre nos circundando, e que qualquer um deles pode ser alcançado por uma oração, e podem em resposta fazer qualquer coisa que lhes seja permitida pela "providência de Deus", como eles diriam.

Há muito de verdade na idéia. Há hostes de seres não-humanos habitando o espaço ao nosso redor. Como regra geral eles nada têm a ver conosco nem nós com eles; mas é a humanidade que perde com tal estado de coisas que existe apenas porque de maneira geral as pessoas nada sabem a respeito deles. Seria realmente bom para a humanidade ser às vezes auxiliada por essas pessoas maiores; e certamente, mesmo agora, é assim ajudada sem o saber. Dei disso alguns exemplos em *Invisible Helpers* (Ajudantes Invisíveis), que são apenas uma amostra; poder-se-ia encontrar centenas mais em que é dada assistência externa de um ou outro tipo.

Alguns desses casos de ajuda são exemplos da vigilância daqueles discípulos de nossos Mestres que trabalham constantemente durante o sono no mundo astral; eles vêem casos em que pensam poder dar alguma ajuda com segurança, e eles intervêm e a dão. Outros mostram a interferência de alguns seres não-físicos, mas não há evidência a mostrar quem era o ente. Pode ter sido o que é comumente chamado de um homem morto, ou pode ter sido um daqueles outros espíritos não-humanos; mas os fatos que tais entidades estão ao nosso redor, e que de vez em quando ocorre interferência de alguma espécie — esses são fatos que podemos verificar por nós mesmos. Podemos ler os relatos publicados a respeito de tais intervenções; podemos olhar em volta e inquirir se alguns desses exemplos podem ser encontrados nas vidas daqueles que conhecemos. Lembrem-se de que, via de regra, não nos dispomos a receber tal assistência, ou qualquer sugestão de fontes não-físicas. Lembrem-se de que o mundo ao nosso redor é totalmente desinteligente em tais assuntos, e declaradamente cético a respeito deles, e que essas, claramente, não são condições que encorajariam tal intervenção.

Mas se vamos a países Católicos, onde as pessoas reconhecem a possibilidade de tais intervenções, podemos descobrir que lá elas ocorrem muito mais freqüentemente, simplesmente porque as pessoas, acreditando na possibilidade, a ela se abrem de diversas maneiras. O cético ignorante sempre diz: "Essas coisas não me acontecem por causa de minha discriminação superior; eu veria imediatamente através da fraude, qualquer que fosse". Essa é uma atitude tola a se tomar; e a razão que sua presunção lhe dá para a própria falta de experiência não é verdadeira. O cético ergue a seu redor uma barreira, com sua descrença agressiva — uma barreira que não merece ser transposta pela entidade não-física; e assim ele segue sem ajuda e conseqüentemente não acredita que alguém mais possa ser ajudado. Mas tal ajuda indubitavelmente vem, e às vezes toma a forma de inspiração.

Tem sido minha experiência freqüente, e penso que deva ser a de muitos palestristas públicos e pregadores que, ao falar a respeito de qualquer assunto dado, novas idéias são repentinamente colocadas na mente. Às vezes elas vêm do ego, do eu superior, que se interessa pelo trabalho que está sendo feito pelo eu inferior e consegue enviar um fragmento de informação; mas também às vezes vêm bem distintamente de fora e de outra pessoa. Não procede que as sugestões são necessariamente corretas em todos os aspectos. Representam a opinião da pessoa que dá a sugestão, e uma pessoa no mundo astral não é mais infalível do que uma no mundo físico. Aqui neste plano, se ouvíssemos uma pessoa falar a respeito de algum assunto e tivéssemos a oportunidade, sem parecermos intrusos, provavelmente lhe sugeriríamos qualquer coisa que soubéssemos a respeito do assunto. Ouvimos uma pessoa explicando alguma coisa a outras, talvez, e observamos algumas lacunas em sua explanação que consideramos capazes de preencher. Se formos amigos dessa pessoa, de forma que o possamos fazer sem ferir seus sentimentos, poderemos dar nossa contribuição para que a instrução dada seja melhor e mais completa. Da mesma maneira que o faríamos dessa forma amistosa no plano físico, o homem morto, o Anjo, o faz do plano astral.

Muitos estudantes do oculto passaram para o outro mundo, mas naturalmente ainda retêm seu interesse não apenas nos assuntos que estudavam mas em seus amigos que os estão estudando. Eles ainda retornam e participam de reuniões, e se uma idéia lhes ocorre a respeito do assunto em consideração, que não esteja na mente do orador ou professor, eles tentarão inserir tal idéia. Eles não se materializam (o que seria um grande desperdício de força) para levantar e falar eles mesmos, mas eles podem, sem grandes dificuldades, colocar a idéia numa mente que já está em simpatia com eles, e isto é feito com freqüência. Alguma idéia totalmente nova, alguma ilustração recém-criada, é como que empurrada para a frente da mente do orador. Ele poderá pensar, especialmente se não souber muito a respeito da matéria, que é sua própria inteligência, que ele próprio inventou essa nova ilustração. Não importa. O objetivo é colocar a idéia para as pessoas; à entidade não importa quem leva o crédito, naturalmente Assim há grande intensidade de inspiração, mesmo agora, e poderia haver muito mais se as pessoas tivessem um entendimento inteligente a respeito do assunto a se abrissem para tal inspiração.

Acontecerá freqüentemente a um homem que esteja escrevendo um artigo, que essas idéias lhe venham à mente. Ele não tem meios de saber se são idéias próprias enviadas pelo ego, ou pensamentos enviados por algum outro agente; mas afinal não importa; não há questão de plágio. Seja quem for que as dá, o faz voluntariamente. Qualquer homem, ao preparar um assunto, deveria fazê-lo meditativamente, com sua mente aberta a novas impressões; e freqüentemente obterá tais impressões. Que acontece com nossos poetas? Um poeta é geralmente um homem aberto a impressões. De onde vêm tais impressões importa muito pouco, enquanto as idéias em si forem boas. Elas podem vir de outros poetas que já se foram; elas podem vir de Anjos; elas podem vir de seu próprio eu superior. Que importa isso, enquanto os pensamentos são bons e belos? Eles lhe são enviados para deles fazer uso, mas não se pode esquecer que é sua responsabilidade ver que as idéias *são* boas e verdadeiras.

Se um homem aceita toda idéia que lhe vem, ele pode realmente pretender estar agindo sob inspiração, mas descobrirá que freqüentemente não é uma inspiração confiável, pois como regra geral ele não pode saber a fonte de onde vem. Há casos em que o homem sabe perfeitamente. Aqueles de nós que têm o privilégio — o estupendo privilégio — de comunicação com alguns de nossos Mestres, rapidamente aprende a conhecer Seus toques, Suas influências magnéticas, e assim reconhecer imediatamente quando uma idéia nos vem através Deles. É claro que devemos aceitar tais idéias com a maior reverência; mas estejam bem seguros quanto à sua fonte, pois há aqueles ávidos de enganar, que são diabolicamente espertos no trabalho de dar falsas informações.

Lembrem-se também que qualquer pessoa, com a melhor das intenções possíveis, pode nos colocar idéias incorretas. Um homem não é mais infalível por estar morto, do que quando por acaso vivia. Ele é o mesmo homem. Certamente ele tem agora a *oportunidade* de aprender mais do que sabia antes, mas nem todo homem aproveita suas oportunidades naquele mundo mais do que neste. Encontram-se pessoas que, tendo estado por vinte anos no mundo astral, ainda não sabem mais do que quando deixaram esta vida física, da mesma maneira como há muitas pessoas, que viveram cinqüenta, sessenta ou setenta anos de vida humana, e contribuíram para acrescentar notavelmente pouco conhecimento ao processo. O conselho ou sugestão daqueles que aproveitaram suas oportunidades vale muito, seja dado do mundo astral ou do mundo físico; mas as duas advertências são absolutamente paralelas e não devemos atribuir mais importância a comunicações do mundo astral ou de qualquer plano superior do que a uma sugestão feita no plano físico. Deveríamos estar igualmente dispostos a receber ambas, a dar-lhes tanta importância quanta sentirmos merecerem intrinsecamente — isso e nada mais, venham de onde vierem.

Inspiração não é infreqüente; assim como não o é aquela outra forma de influência da qual falei — a força espiritual que flui através de um homem que está em conexão com Um Grande. Isso também ocorre com bastante freqüência; e não são apenas nossos próprios Mestres que fazem uso de pessoas físicas dessa maneira. Outras entidades de todos os tipos podem ter seus canais, através de quem é enviada força, e muito pode ser feito no mundo por aqueles que estão mortos ou que pertencem a outros sistemas de evolução que não o nosso — aqueles a quem os Indianos chamam Devas, que no Ocidente conhecemos por Anjos.

Tomar a atitude ordinariamente cética ou indiferente tiraria, em muitos casos, a possibilidade de aprender muito a respeito desses assuntos superiores. Quando retornamos à atitude mais infantil, que ao menos é receptiva, apesar de talvez não ser crítica, certamente descobriremos que há possibilidades das quais, agora, em nossa auto-suficiência, mal sonharíamos.

Inspiração é uma poderosa realidade e assim o é a possibilidade do fluir de força auxiliadora. Aqueles que entram em contato diário com ela sabem bem quão constantemente tais coisas acontecem; e puro preconceito a respeito delas, a atitude cética adotada por tantas pessoas, é uma fonte de espanto e dor para aqueles que sabem, pois pareceria que homens estariam intencionalmente com mau propósito desligando-se de um dos mais interessantes aspectos da vida, de algo que pode ser freqüentemente útil e de ajuda superior a qualquer expectativa.

Conservemos então uma mente aberta no que tange a essas coisas. Inspiração pode vir a *nós*; força auxiliadora de alguma intensidade pode fluir através de *nós*. Estejamos preparados para ser utilizados dessa maneira, se nosso Karma é tão bom que possamos ser assim utilizados; e ao notarmos evidência de que a mesma coisa está acontecendo através de outros, conservemos aberta nossa mente, e não nos enclausuremos em nosso preconceito contra a possibilidade de sermos ajudados e guiados. Penso ser esta a melhor linha que podemos adotar a respeito.

É claro que o outro lado também necessita ênfase. Não devemos acreditar muito prontamente naquilo que vem. Precisamos dar a tudo seu devido mérito, não importa que nos pareça vir de um grande Mestre, de uma fonte da qual procuramos inspiração e ajuda. Mesmo então, precisamos pesar a coisa em seus próprios méritos, pois esses planos superiores são repletos de ciladas para os que não estão acostumados a eles. É sempre possível que um poder superior seja imitado por um inferior; é possível que haja alguém com inveja da influência de uma alma maior sobre nós, alguém que por um momento tome a forma daquela alma superior, e tente nos enganar. Isso tem ocorrido freqüentemente, terrivelmente amiúde; e disso vimos os mais tristes resultados. Portanto, a única base segura é manter nossas mentes abertas. É tolo rejeitar precipitadamente, mas é igualmente tolo aceitar cegamente, apenas porque a mensagem nos chega com um grande nome a ela atribuído, ou com uma influência que nos parece tão bela.

A maioria das coisas de outros planos nos parecem belas aqui embaixo apenas por virem de um nível superior e trazerem consigo algo de sua mais intensa luminosidade, de suas vibrações mais delicadas, de todo o encantamento do mundo interior. Como São Paulo o disse há muito tempo, cada homem deveria estar totalmente persuadido em sua própria mente; ele deveria testar os espíritos e o que deles vem, se vêm de Deus. Vejamos por nós mesmos, de qualquer modo, mas não nos tiremos a possibilidade de influência prejulgando toda a questão e dizendo que inspiração é coisa de milhares de anos atrás, e que jamais poderia acontecer agora, nos nossos dias.

Capítulo VII

Plágio

Quando nossa consciência se desenvolve o suficiente a nos permitir entender um pouco do funcionamento da Natureza nos planos superiores, rapidamente achamos necessário revisar nosso julgamento em diversas direções. Como compreendemos melhor as condições, vemos a razão para muitas coisas que previamente pareciam inexplicáveis, e aprendemos a permitir atitudes que antes considerávamos indesculpáveis. Neste e no próximo capítulo tento apresentar alguns pensamentos que me ocorreram a respeito.

Têm aparecido ultimamente reportagens nos jornais a respeito de duas ações legais contra plágio em relação com estórias ou peças, e em cada caso o acusado declarou não ter lido a obra que está sendo acusado de ter imitado. Um homem do mundo provavelmente acharia difícil acreditar em tal negação, especialmente se os pontos de semelhança entre as duas estórias forem muitos; já o estudante de Ocultismo sabe que tal alegação pode ser perfeitamente verdadeira, e que há mais de uma maneira de tal coincidência ocorrer sem a mínima intenção ou consciência de plágio por parte de qualquer um dos envolvidos.

No segundo volume de *The Inner Life* expliquei que no mundo mental há certos centros de pensamento definidamente localizados — aqueles pensamentos de mesmo tipo são unidos pela semelhança de suas vibrações, assim como se reúnem homens que falam a mesma língua. O pensamento filosófico, por exemplo, tem seu próprio domínio com subdivisões que correspondem às principais idéias filosóficas e todo tipo de inter-relações curiosas que existem entre esses vários centros, demonstrando a maneira pela qual diferentes sistemas de filosofia estão conectados. Qualquer um que pensa profundamente em assuntos filosóficos se coloca, portanto, em contato com esse grupo de vórtices; se ele estiver dormindo ou morto — isto é, sem as limitações de seu corpo físico — será atraído espacialmente àquela parte do plano mental; se o torrão de terra ao qual está momentaneamente preso o impede, ele se eleva a uma condição de vibração simpática a um ou outro daqueles vórtices, e deles recebe o que for capaz de assimilar, apesar de um pouco menos livremente do que se realmente flutuasse até lá.

Essa coleção de idéias representa tudo o que foi pensado a respeito daquele assunto e é portanto, em si, muito mais do que o necessário para qualquer pensador comum, mas há ainda mais possibilidades, além dela e em conexão com ela, que estão ao alcance de poucos que são fortes e perseverantes o suficiente para penetrá-las.

Primeiramente, através daqueles centros de pensamento podem ser alcançadas as mentes viventes que geraram sua força, e assim o pensador moderno que é, ao mesmo tempo, forte e ávido, mas reverente e suscetível de ensino, pode realmente sentar-se aos pés dos grandes pensadores do passado e aprender como eram encarados os problemas da vida pelos grandes intelectos que nosso mundo produziu.

Em segundo, existe uma coisa como a Verdade em si; ou talvez possamos colocar, como representação para nós de uma idéia tão totalmente abstrata, a concepção daquela Verdade na mente de nossa Divindade Solar — certamente uma noção suficientemente elevada para os mais arrojados. O homem que atingiu união consciente com a divindade é capaz de contatar esse pensamento, mas ninguém abaixo desse nível pode alcançá-lo. Reflexos dele serão vistos, lançados de plano a plano, e se tornando cada vez mais turvos à medida que descendem; e ao menos alguns desses reflexos estão ao alcance do homem cujo pensamento pode elevar-se como uma águia forte para encontrá-los.

É óbvio que muitos pensadores sérios podem ser atraídos simultaneamente à mesma região mental e recolher lá exatamente as mesmas idéias; e, quando isso acontece, no mínimo é possível que a expressão de tais idéias no mundo físico também coincida; e então há sempre o perigo de a multidão ignorante acusar um ou outro de plágio. Que essa expressão simultânea não ocorra com mais freqüência deve-se à densidade do cérebro humano, que raramente permite a seu possuidor transmitir claramente qualquer coisa aprendida em níveis superiores. Manifestação sincronizada não ocorre apenas no campo da literatura; escriturários ligados ao Registro de Patentes de qualquer país nos dirão que requerimentos referentes a invenções praticamente idênticas muitas vezes chegam simultaneamente; e quando esse fato é descoberto qualquer dos requerentes está pronto a acusar o outro de roubar suas idéias, mesmo quando o roubo físico é obviamente impossível.

Não é, porém, entre os divulgadores de idéias filosóficas que mais freqüentemente ouvimos reclamações de plágio, mas mais entre dramaturgos e escritores de ficção. Há, então, com relação a essa forma de literatura, um centro de pensamento como o que descrevemos com relação à filosofia? Não precisamente — ao menos não para a ficção como um todo. Mas há uma região para o que pode ser chamado de pensamento romântico — um vasto porém mal-definido grupo de formas incluindo, de um lado, uma multidão de combinações vagas porém brilhantes ligadas às relações entre os sexos, de outro, as emoções características ao cavalheirismo medieval e às lendas que o ilustram, e ainda de outro, grande número de contos-de-fadas.

Muitos escritores de certos tipos de ficção e poesia derivam muita inspiração de excursões a essas regiões; outros entram em contato com o oceano sem limites da história passada. Nenhuma pessoa despreparada pode realmente ler os registros da história, pois isso exige total despertar do ego, de forma que ele possa funcionar na matéria atômica de seu corpo causal. Mas reflexos confusos dos episódios mais brilhantes daqueles registros são enviados aos níveis mentais inferiores e mesmo ao mundo astral, e aqueles podem ser prontamente contactados pelos viajantes de seus domínios. Assim acontece que muito autor se vê de posse de uma esplêndida idéia, um clímax dramático talvez, e constrói uma estória que leve a ele, e com isso ganha muita fama, jamais sabendo, durante todo o tempo, que está relatando apenas um pequeno fragmento da verdadeira história do mundo.

Anos atrás, a bordo de um vapor, eu mesmo li uma novela notável — com uma trama absolutamente fora do comum — e mentalmente aplaudi o talento do autor, apesar de já então ter-me incitado a vaga lembrança que dizia haver alguma realidade por detrás. Não acompanhei o assunto, e foi apenas recentemente, acompanhando a história de uma série de encarnações passadas, que me deparei com o fato do qual aquela estória era a expressão. No entanto, nem mesmo eu, que naquelas vidas registrei o fato conforme ocorreu, nem o escritor que o expandira numa estória charmosa, era mais culpado de plágio do que o viajante que visita o Rio Reno e descreve suas belezas é culpado de plagiar Baedeker.

Em alguns casos o escritor de ficção não precisa pesquisar os mundos superiores à busca de tramas e idéias, pois estas lhe são fornecidas já prontas. Um grande novelista de hoje contou-me que não sabe de onde lhe vêm suas histórias — que elas não são em realidade escritas por ele mas através dele. Nesse caso o escritor entende e reconhece o que acontece; mas acredito que há muitos outros autores no mesmo caso totalmente inconscientes do que se passa. Sabemos de tão pouco que seja nosso (se alguma coisa realmente o é); pois não apenas podemos vagar pelos domínios do pensamento e colher frutos impensados em nossa viagem, como outros podem vaguear e fazer a colheita para nós; e podemos ser não mais que seu porta-voz, mesmo quando nos maravilhamos com a rapidez e a lucidez com que novas idéias (novas para nós, ao menos) fluem de nosso cérebro. Aqueles que durante a vida terrena escreveram a respeito de qualquer assunto mantêm seu interesse nele após descartar o corpo físico. Em sua vida nova e menos embaraçada eles vêem aspectos dele que antes lhes eram imperceptíveis, obtêm visões mais amplas a respeito dele porque todo seu horizonte está ampliado. Ao prosseguir seu estudo sob tais muito melhores condições, uma nova luz irrompe sobre ele como sobre tudo mais, por causa do seu poder de visão grandemente intensificado; e eles muitas vezes anseiam por apresentar suas novas e maiores concepções a seus companheiros homens.

Mas naquela nova vida há restrições bem como oportunidades; eles podem aprender muito mais se quiserem, mas não podem mais obter um publicador físico para suas lucubrações. Se eles desejam alcançar este mundo inferior, precisam fazê-lo através de alguém vivente nele. Aqui surgem dificuldades em seu caminho — dificuldades que a maioria deles jamais aprende a superar. Alguns conseguem, e têm sucesso em colocar suas idéias para o mundo que deixaram, mas apenas sob o nome de algum outro homem e, freqüentemente, muito imperfeitamente. Como é natural, o médium inconsciente, através de quem trabalham, mistura suas idéias com as próprias, e as colore de suas idiossincrasias. Em alguns casos, o único cérebro sobre o qual são capazes de trabalhar é incapaz de transmitir o valor total do pensamento que eles tentam lhe colocar; e, em alguns casos, educação deficiente ou falta de conhecimento especializado barra o caminho da perfeita transmissão. Lembro muito claramente, por exemplo, o aborrecimento e a impaciência do velho Sr. Cayley quando tentou dar ao mundo, através de mim, uma nova descoberta que, ele declarou, revolucionaria toda a ciência matemática. Como eu infelizmente sei muito pouco a respeito dessa ciência, fui bem incapaz de entender do que ele falava, e fui assim compelido a declinar da honra que ele me destinara; mas devo admitir que sua linguagem era distintamente não lisonjeira e posso bem entender que seu desapontamento deva ter sido muito intenso, quando me contou que já tentara muitos de seus colegas em vão.

Ainda assim permanece o fato de merecermos muito pouco do mérito que pensamos ser nosso. Goethe escreveu:

> "Que me restaria se a arte da apropriação fosse derrogatória a gênios? Cada um de meus escritos me foi fornecido por milhares de pessoas diferentes, por mil coisas, sábios e tolos me trouxeram, sem o suspeitar, a oferenda de seus pensamentos, faculdades e experiências. Meu trabalho é uma agregação de seres tomados do todo da natureza; ele ostenta o nome de Goethe."

Se o grande alemão admite ser assim com referência ao esplendoroso sol de sua geniosidade, quanto mais ainda isso não deverá ser verdade no que concerne aos escritores menores! Às vezes não só as idéias são emprestadas, mas mesmo as formas de expressão; tenho visto exemplos em que duas pessoas totalmente separadas colocam o mesmo pensamento nas mesmas palavras. Isso talvez se deva ao zelo e entusiasmo de algum homem morto; ele dita a mesma sentença a duas ou mais pessoas pois não sabe ao certo qual delas terá condições de transmiti-la com sucesso ao plano físico. Pode porém acontecer sem a intervenção do homem morto, pois um autor por si, quando assimilando algum pensamento, freqüentemente acha menos complicado tomá-lo exatamente como está a encontrar-lhe nova expressão em palavras próprias. Em todos estes assuntos a tendência é seguir a linha da menor resistência, e esta é a que já está estabelecida.

É muito difícil dar a alguém que não os viu uma idéia da aparência dos reservatórios de pensamento como os estive tentando descrever. Poder-se-ia tentar uma imagem parcial dizendo que cada pensamento contrói uma trilha da matéria do plano; e esse caminho, uma vez estabelecido, permanece aberto para a trilhagem — ou melhor, pode ser facilmente reaberto e suas partículas reivivificadas por qualquer novo esforço. Se esse esforço tiver a mesma direção geral daquela velha linha de pensamento é muito mais fácil para ele adaptar-se o suficiente para passar ao longo daquela linha do que o é construir de si próprio uma linha um pouco diferente da já existente, apesar de proximamente paralela a ela.

Todas essas considerações nos mostram que não é sábio lançar acusações precipitadas de plágio sobre as cabeças daqueles que por acaso se expressam de maneira muito semelhante à nossa — ou mesmo exatamente como nós o fizemos. Tenho visto algumas vezes certa impaciência entre Teosofistas porque escritores ou oradores que não são membros de nossa sociedade freqüentemente usam o que chamamos idéias Teosóficas, sem declararem sua fonte. Como existem setores nos quais a Teosofia é impopular, tenho poucas dúvidas de que isto às vezes é feito intencionalmente, suprimindo o crédito à Sociedade para evitar menção ao odiado nome. Mesmo nesse caso, entretanto, não posso ver que nós como Teosofistas precisemos reclamar, pois nosso próprio desejo é divulgar o ensino da verdade e não conseguir o crédito por ter conhecimento dela.

Há porém casos em que informação a respeito de verdades bem conhecidas para nós é adquirida fora de nossa organização. Por exemplo, temos tentado mapear as subdivisões dos planos astral e mental, e descrever seus habitantes e as condições que lá prevalecem; mas devemos lembrar que todas as pessoas viventes passam para o plano astral durante o sono e que pessoas mortas lá residem permanentemente durante o primeiro estágio de sua vida "post-mortem"; assim deve inevitavelmente acontecer que entre esses milhões de pessoas, algumas devam ser suficientemente sensíveis, ou enquanto em vida, para trazer de volta ao plano físico algumas claras lembranças, ou quando mortas, para descobrir algum método de comunicar com razoável precisão informação àqueles que deixaram para trás. Sempre que uma dessas coisas acontece temos imediatamente o que é hábito chamar de confirmação do ensinamento Teosófico. Mas isso não é, em nenhum sentido da palavra, um plágio; é uma observação independente do mesmo fenômeno, e o observador tem tanto direito a descrevê-lo como eu de descrever uma visita à Itália, mesmo que já existam centenas de livros a respeito daquele país muito melhores do que qualquer coisa que eu pudesse escrever. Não tenho nenhum desejo de defender plágio, que realmente nada mais é que uma forma de roubo. Desejo apenas apontar que não é indicado fazer acusações precipitadas nesse sentido, uma vez que as condições de posse nos planos superiores são bem diferentes das do plano físico, e nesse caso, como em tantos outros, o homem que compreende mais totalmente é também o homem que terá a visão mais generosa.

Capítulo VIII

Exagero

Todos conhecemos pessoas que têm uma tendência ao exagero — que jamais podem relatar um incidente exatamente como aconteceu ou transmitir uma estória sem acréscimos. Depois de um tempo nos acostumamos a elas e aprendemos a dar certo desconto a tudo o que dizem. Geralmente as consideramos mentirosas e freqüentemente presunçosas, especialmente se suas afirmações se referem (como geralmente o fazem) principalmente a seus próprios papéis nas estórias que contam.

Considerável experiência, no entanto, com aqueles que têm essa peculiaridade, convenceu-me de que, na maioria dos casos, o exagero é inconsciente. Uma pessoa se encontra em determinada posição e nessa posição (sendo provavelmente um homem comum) age ou fala muito, como qualquer homem médio o faria. Mais tarde, ao repensar a situação, freqüentemente compreende que poderia ter-se defrontado com aquela pequena emergência muito mais efetiva e dramaticamente — que poderia ter-se coberto de glória fazendo alguma observação em particular, se ao menos esta lhe tivesse ocorrido na hora. Se acaso a pessoa for o tipo que não consegue deixar de lado um acontecimento depois que passou e esquecê-lo de forma sã e saudável, continua a pensar no fútil incidente e a reconstruí-lo, imaginando como a conversa teria sido se ele tivesse feito o que agora vê como o recurso mais efetivo, ou como o drama teria se resolvido se ele não tivesse perdido a cabeça (como tantos de nós o fazemos) exatamente no momento crítico. E após ter ensaiado o ocorrido por alguns minutos nessa linha, ele passa a realmente acreditar que de fato deu aquela resposta inteligente, ou que fora de fato aquele herói de romance que sente que deveria ter sido, e que realmente teria sido, se ao menos tivesse pensado nisso.

Tal homem é sem dúvida agudamente consciente de si mesmo, de outra maneira ele não teria continuado a preocupar-se com um evento passado que não pode ser repetido; e tem também uma certa quantidade de imaginação e sensibilidade. A primeira qualidade o capacita a edificar maciças formas de pensamento a respeito de si mesmo fazendo ou falando o que ele sente que deveria ter dito ou feito, enquanto que a última o capacita a sentir essas formas de pensamento e a sua reação sobre si mesmo até já não mais saber distingui-las da real lembrança do evento; e assim, após um tempo, ele relata de boa fé uma estória que se afasta muito dos fatos de que se lembraria um espectador mais prosaico. Realmente, em mais de uma ocasião, me vi colocado em posição muito embaraçosa sendo solicitado em público a confirmar um relato muito colorido de alguma experiência que o narrador e eu tivéramos no passado, mas em relação à qual minha lembrança era muito menos dramática que a de meu parceiro poeticamente inclinado. Tive em alguns casos a interessante experiência de ver uma estória crescer; tendo primeiramente presenciado o acontecido e ouvido o ator principal dar, no momento, um relato razoavelmente exato. Voltando uma semana mais tarde, descobri que o conto se expandira consideravelmente; e após alguns meses chegara a tornar-se totalmente irreconhecível, um bordado de autoglorificação, disfarçando totalmente o substrato do fato. Ainda assim estou totalmente convencido de que essa incorreção é totalmente não-intencional, e que o narrador que está assim modificando toda a estória nem pensa em nos enganar, e realmente se afastaria horrorizado de qualquer forma deliberada de falsificação.

Esse é um fenômeno curioso; e apesar de, na forma extrema em que o descrevi, ser afortunadamente restrito a comparativamente poucos, podemos todos nós detectar o que pode ser considerado uma espécie de semente dele dentro de nós. Muitos de nós temos dificuldade para sermos absolutamente precisos. Somos conscientes de um certo desejo de tornar uma estória mais dramaticamente completa do que em realidade ela é — para rematá-la ou para introduzir-lhe elementos de justiça poética que, infelizmente, com tanta freqüência faltam nas visões muito limitadas que apenas nós somos capazes de ter a respeito dos assuntos mundanos. Um bom número de pessoas, que têm a intenção de ser perfeitamente verdadeiras, se se observassem cuidadosamente, descobririam que não estão inteiramente livres desse curioso instinto de ampliação — que ao repetir uma estória, instintivamente lhe aumentam o tamanho, a distância ou o valor daquilo de que estejam falando.

Por que existe essa tendência? É sem dúvida verdade que em muitos casos há algo de presunção, de desejo de aprovação, do desejo de brilhar ou de parecer esperto. E mesmo quando essas palavras forem muito fortes, há um certo constrangimento instintivo que leva a pessoa a olhar para o passado de cujos eventos tomou parte, com o desejo de que aquele papel que desempenhara tivesse sido mais distinto. Mesmo à parte disso e onde a estória não tem conexão conosco, perceberemos a mesma curiosa tendência.

A razão é mais profunda que isso; e para compreendê-la precisamos pensar a respeito da natureza do ego e do estágio que atingiu em sua evolução. Tem sido mencionado com freqüência em nossa literatura que uma das características do ego é um notável poder de dramatização. Num outro capítulo tentamos explicar que ele lida com abstrações assim como nós, no plano físico, lidamos com atos concretos — que, para ele, todo um sistema filosófico (com tudo o que ele envolva) é uma única idéia que ele usa como uma ficha em seu jogo, que ele usa no decorrer de uma conversa da mesma maneira que nós fazemos referência a um fato para servir de suporte em alguma discussão. Assim vemos que, ao lidar com assuntos em seu próprio plano e nos planos abaixo dele, todas suas idéias são completas e perfeitas. Qualquer coisa incompleta lhe seria insatisfatória — de fato, mal seria contada como uma idéia. Para ele a causa inclui seus efeitos e portanto, na visão mais ampla que ele é capaz de ter, a justiça poética sempre é feita e nenhuma estória pode terminar mal. Tais características se refletem até certo ponto nos veículos inferiores, e as encontramos aparecendo em nós de diversas maneiras. Crianças sempre exigem que seus contos-de-fadas terminem bem, que a virtude seja recompensada e o mal subjugado; e todas as pessoas insofisticadas e de mentalidade sã sentem um desejo semelhante. Aqueles que (a pretexto de as coisas não acontecerem assim na vida real) clamam por um realismo mau são precisamente aqueles cujas visões da vida se tornaram doentes e não naturais porque, em suas míopes filosofias, nunca podem ver o todo de qualquer incidente, mas apenas o fragmento dele que se mostra numa encarnação — e usualmente apenas sua mera aparência exterior.

Notemos a influência exercida pelo estágio de evolução em que agora nos encontramos sobre a manifestação dessa característica. Tem sido explicado com freqüência que cada Raça Radical tem sua qualidade especial a desenvolver e que, naquele aspecto, cada uma das sub-raças também manifesta a influência de suas próprias peculiaridades especiais. Contam-nos que a Quarta Raça Radical estava principalmente preocupada com o desenvolvimento do corpo astral e de suas emoções, enquanto que a Quinta Raça Radical deve estar desenvolvendo o corpo mental e o intelecto que deverá trabalhar através dele. Assim, na quinta sub-raça ou Teutônica, deveríamos estar intensificando o desenvolvimento do intelecto e da discriminação, enquanto que na quarta, ou sub-raça Celta, poderemos ver como essa combinação facilita o desenvolvimento artístico e psíquico, apesar de à custa de correção científica detalhada. De fato, essa paixão por exatidão científica, pela verdade perfeita nos mínimos detalhes, é um desenvolvimento comparativamente recente; é essa característica que possibilitou as realizações da ciência moderna. Agora, antes de tudo, exigimos que uma coisa seja verdadeira e se não o for, não nos desperta interesse; enquanto que as sub-raças mais antigas exigiam das coisas que fossem agradáveis, e deixavam de ser limitadas na apreciação por quaisquer considerações como: se a coisa já se havia materializado ou poderia vir a materializar-se no plano físico.

Vocês podem ver isso claramente nas antigas estórias celtas. Notem como nas lendas a respeito do Rei Artur, um cavaleiro luta com um estranho qualquer, o domina e o faz prisioneiro, e como, na narração de sua façanha, ele descreve sua infeliz vítima como um ogre gigantesco, um monstro que chega aos céus e assim por diante; e ainda assim, ninguém parece notar nenhuma discrepância entre o que ele conta e a verdadeira aparência da infeliz pessoa. Vemos, ao ler tais estórias, que para seus recitadores e suas audiências não existiam as limitações do que costumamos chamar de fatos. Seu único desejo era inventar um romance bom e agradável à alma, e nisso tinham sucesso. Que a ocorrência alegada não poderia acontecer, não os perturbava ao mínimo. Perturba a nós que agora lemos essas fábulas, porque estamos desenvolvendo a faculdade discriminativa e, portanto, apesar de gostarmos de uma emocionante estória de aventuras tanto quanto nossos antepassados, não nos sentimos satisfeitos se não existir ao menos um ar de probabilidade ao redor de cada incidente para satisfazer essa nova tendência à verossimilhança e correção de declarações.

Esse desejo de correção é apenas a passagem de uma outra das qualidades do ego — seu poder de ver verdadeiramente, de ver uma coisa como ela é, como um todo e não apenas em parte. Mas pelo fato de nós aqui embaixo tão freqüentemente sermos incapazes de ver o todo assim como ele o vê, começamos por exigir que a parte que vemos seja, até certo ponto, completa em si, e cobramos harmonia com outras partes que podemos aos poucos vislumbrar. Nossos pequenos fragmentos usualmente estão longe de serem completos. Eles não terminam de maneira adequada, não mostram os personagens com as melhores vantagens; e porque aqui em baixo nós não podemos ver o real final que tudo explicaria, nosso instinto é o de inserir um final imaginário, que ao menos até certo ponto atenda às nossas exigências.

Essa é a verdadeira razão para nosso desejo de melhorar uma estória. Em alguns de nós esse desejo recém-desenvolvido da necessidade de verdade e correção sobrepõe-se à antiga necessidade de agradar e ser agradado; mas às vezes o outro elemento é vitorioso. Em seguida vem, como dissemos, a influência da vaidade e do desejo de causar uma boa impressão, e nossa qualidade de veracidade recém-desenvolvida cai para segundo plano ignominiosamente. Na maioria dos casos, tudo isso ocorre inteiramente na mente subconsciente, e assim nossa consciência desperta normalmente não se dá conta. Por isso ocorre que algumas pessoas ainda são bem medievais em suas versões de aventuras pessoais.

Se tal compreendemos, é claramente nossa tarefa assistir o ego em seus presentes esforços de desenvolvimento. Devemos encorajar e insistir na qualidade de correção e devemos separar nosso registro de fatos de nossos pensamentos e desejos relacionados a esses fatos. Ainda que, cultivando de tal forma a veracidade, não precisemos extingüir o romantismo. É necessário ser correto; não é necessário tornar-se um Gradgrind. Se desejamos passar num exame de botânica devemos carregar nossas memórias com termos pseudolatinizados, e aprender a distinguir o dicotiledôneo do monocotiledôneo; mas isso não deve nos impedir de reconhecer que há um lado superior da botânica no qual estudamos a existência de vida numa árvore e seu poder ocasional de manifestar-se em forma quase que humana, não precisamos ignorar o folclore das árvores e plantas e a ação dos espíritos da natureza, que ajudam a moldar e colorir os brotos — apesar de fazermos bem em deixar estes rigidamente fora de nossas provas. O conhecimento da beleza e do romance que está por detrás não precisa se perder por termos de adquirir detalhes áridos, superficiais, da mesma maneira que o fato de o açúcar ser doce e agradável ao paladar não se altera se soubermos que sua fórmula química é $C_{12}H_{22}O_{11}$.

Misturar nossa imaginação com nossos fatos é um uso errado de um poder muito grande; mas há um uso acertado dele que muito pode ajudar em nosso progresso. Aquele que deseja meditar, freqüentemente é instruído para fazer uma imagem de seu Mestre e nela fixar sua atenção; e quando o faz, o amor e devoção que sente atraem a atenção do Mestre, e Ele imediatamente preenche aquela imagem com Seu pensamento e envia através dela Sua força e Sua bênção sobre aquele que criou a imagem. Se o estudante foi afortunado o bastante para ver o Mestre, sua forma de pensamento é naturalmente muito mais clara e melhor que nos casos em que é apenas um esforço de imaginação. Quanto mais clara a imagem, mais totalmente o poder pode ser enviado; mas em todo e qualquer caso ao menos algo se ganha, e se recebe considerável retorno. Trata-se então de um caso de uso legítimo da imaginação — um caso em que seus resultados são de imenso valor.

Também entra em jogo uma das muitas linhas de desenvolvimento psíquico. Um pupilo que deseja abrir a visão etérica freqüentemente é instruído para pegar um objeto sólido e tentar imaginar o que seria o interior do objeto se pudesse vê-lo. Por exemplo, poderia ser que colocassem à frente desse pupilo uma caixa fechada e lhe dissessem que descrevesse os objetos dentro dela. Ele provavelmente receberia instruções para tentar imaginar o que estaria no interior, para "adivinhar", como diriam as crianças, mas sempre com um esforço de atenção concentrada, numa tentativa de ver o que não poderia ver com visão comum. Diz-se que após diversas tentativas, alguns pupilos se vêem "adivinhando" corretamente com freqüência muito maior que o explicável através de qualquer teoria de coincidência, e que eles realmente começam a ver claramente à sua frente os objetos que antes apenas imaginavam.

Uma variação dessa prática é quando o estudante capta para o olho de sua mente o quarto de um amigo e tenta dele fazer uma imagem perfeita. Após algumas tentativas ele provavelmente estará em condições de fazer isto rapidamente e com considerável riqueza de detalhes. Então deveria atentar para qualquer coisa nova ou não usual em sua imagem mental daquele quarto; ou talvez sentir-se consciente da presença de certas pessoas nele. Se isso lhe acontece, pode valer a pena escrever e perguntar se tais pessoas lá estiveram e se há algum fundamento em sua idéia de que foram feitas certas mudanças; pois, se ele provar estar certo, em algumas ocasiões, descobrirá que está começando a desenvolver uma certa impressividade que pode, com o tempo, tornar-se verdadeira clarividência.

Resumindo: como outros poderes, a imaginação pode ser usada correta ou erradamente. Exagero é claramente errado, e é sempre um entrave ao progresso, mesmo quando não intencional. Exatidão é essencial; mas alcançá-la não exclui o estudo do lado superior e mais romântico da natureza.

Capítulo IX

Meditação

O método mais rápido e seguro de desenvolver a consciência superior é através de meditação, e já é hábito de muitos de nossos membros começar cada manhã dedicando alguns minutos a uma meditação que tenciona ser devotada à aspiração em direção aos Mestres. Gostaria de dizer algumas palavras a respeito pois me parece que alguns de nós não estamos conseguindo aproveitar tanto quanto deveríamos.

Há tantos tipos tão variados entre nós que não é possível que um único método de meditação possa produzir resultados igualmente bons para todos. Falando no geral, devemos dividir em duas categorias os meios de ocupar um tempo como esse da maneira mais proveitosa possível, e cada pessoa precisa decidir por si a qual categoria pertence, que método lhe será mais natural e proveitoso.

Temos o hábito de chamar todos nossos exercícios desta espécie pelo nome genérico de meditação, apesar de ser apropriado apenas para alguns deles. Tenho falado freqüentemente dos três estágios através dos quais as pessoas não raro têm que passar: concentração, meditação e contemplação; é nesta última que devemos estar todo o tempo focalizados, quando isto é possível e comparativamente fácil para nós. Pode haver porém alguns de nós cujas mentes não estão construídas ao longo dessa linha especificamente, e eles poderão achar meditação mais útil e de maior proveito.

A arte de adquirir concentração perfeita é um processo lento e a maioria de nós está apenas no processo de aquisição dela. Ainda não a atingimos totalmente, porque pensamentos errantes ainda vêm nos perturbar. Mas suponho que tenhamos concentração suficiente para manter de fora aqueles pensamentos que não desejamos, resta ainda considerar como deveremos pensar durante esses poucos minutos. Falamos do tempo devotado à aspiração em direção ao Mestre; mas há diferentes linhas de aspiração. O que estaria mais próximo daquilo que realmente significa meditação, seria manter nossa mente firme em nossa própria imagem Dele, se formos capazes de construir uma forma de pensamento boa e forte. Alguns não podem visualizar com a mesma facilidade que outros. Se podemos visualizar com força por nós mesmos, é bom que façamos nossa própria forma de pensamento e fechemos nossos olhos. Tendo feito tal imagem, nosso pensamento percorreria uma linha semelhante a esta:

"Este", ele diria, "é o Mestre que escolhi, a quem me devoto. Ele é a encarnação de amor, poder, sabedoria. Preciso tentar fazer-me igual a Ele em todos esses aspectos. Tive sucesso até agora ao fazê-lo? Não tão totalmente como gostaria, em tais e tais aspectos. Posso pensar, ao olhar para trás, que não demonstrei essas qualidades como deveria. Devo tentar no futuro lembrar-me Dele sempre e ser, agir e pensar como acredito Ele seria, agiria e pensaria". E assim por diante, com um esforço intenso de realizar aquelas qualidades Nele. Isto é o que quis dizer com a palavra meditação.

Se um homem descobre, após algum esforço, que lhe é impossível fazer uma forma de pensamento clara, estará bem para ele sentar-se de frente a um retrato do Mestre, e fixar seu olhar seriamente nele enquanto pensando da maneira acima sugerida.

Há uma coisa talvez, ainda melhor para aqueles que acham que podem fazê-la rápida e facilmente; e isto é contemplação. Neste caso, a pessoa constrói uma forma de pensamento do Mestre e, tendo feito, coloca toda sua energia num esforço de alcançá-la, um esforço que posso descrever apenas dizendo que estamos pressionando para cima, em direção a Ele, tentando unificar nossa consciência com a Dele. Tal esforço muito provavelmente não trará resultados imediatos; mas se o fazemos diariamente em nossa meditação regular, certamente virá o tempo em que teremos sucesso absoluto.

Esta é a melhor coisa a fazer, para aqueles que podem. Mas há tipos de mente para os quais tal esforço seria em vão; e não é bom perder seu tempo nele, se é uma coisa que não se pode fazer, enquanto que a outra forma de meditação lhes pode ser tão mais proveitosa.

Mas, para aqueles que podem alçar seus esforços para cima, naquele modo especial, com algum sucesso, com qualquer tipo de sentimento de que é para eles um caminho que tem a probabilidade (mesmo tomando um longo tempo) de levar a uma união direta com Ele, a contemplação é claramente o melhor; pois tal união, quando alcançada, é extremamente proveitosa e de grande ajuda. Com a mais profunda reverência devemos dizer ao Mestre:

"Santo Mestre, Pai, Amigo, abro-me à sua influência. Que ela flua para dentro de mim no maior grau que eu seja capaz de recebê-la".

Não precisamos *pedir* a Ele que a envie para nós, pois Ele o faz todo o tempo. Não *rogamos* aos Mestres que façam isto ou aquilo. Eles sabem muito mais do que nós e já estão fazendo tudo o que pode ser feito; mas de nossa parte é necessário que nos façamos abertos, que removamos as barreiras do eu que estão no caminho. Esta é a velha estória. Precisa ser contada sempre e sempre de novo porque o eu separado é a grande dificuldade em nosso caminho — primeiro a personalidade e depois a individualidade. Insiste-se nisso em At the Feet of the Master e em todos os livros que foram escritos a respeito de progresso oculto. Quando há qualquer coisa impedindo nosso progresso, é sempre o eu inferior que está no caminho do Grande Eu.

Tendo visualizado e realizado o Mestre tão intensamente quanto possível, é preciso fazer o esforço de eliminar nossas próprias barreiras, de atravessá-las e aproximarmo-nos Dele, porque Ele está sempre pronto a nos conceder Sua graça, sempre enviando Sua influência na medida que temos capacidade de recebê-la. Nada temos a pedir Dele. Apenas temos de lidar conosco de tal maneira que sua luz possa brilhar através de nós.

Tal esforço eventualmente nos levará a uma extensão da consciência. Quando tivermos sucesso, atravessaremos em direção a um mundo diferente, uma maneira diferente de encarar tudo. Está nessa linha o mais rápido e mais satisfatório progresso mas, como eu disse, é estritamente para aqueles que podem fazê-lo e para quem esse é o caminho. O homem cuja natureza instintivamente o leva para o outro caminho provavelmente estaria perdendo seu tempo fazendo tal esforço, enquanto faria grandes progressos seguindo aquela outra linha.

Uma ou outra daquelas coisas deveríamos estar tentando fazer, e não podemos deixar que isto se torne vago. Tem uma grande tendência a tornar-se vago; e é estranho que apesar de acreditarmos que todos esses avanços estejam ao alcance, nunca nos surpreendemos tanto quando alguma coisa acontece e realmente temos algum resultado. Isso não deveria ser assim. É sem dúvida um comovente exemplo de nossa humildade, mas há uma humildade que deveras atrapalha o progresso. Podemos sentir-nos seguros de estarmos distantes de qualquer possibilidade de fazer qualquer coisa, que estamos em nossa própria luz. É melhor, na medida do possível, com confiança modesta (inquestionavelmente modesta, mas confiante), adotar a linha: "outros tiveram sucesso nisto. Tenciono ter sucesso e perseverarei até que o consiga".

Então certamente teremos sucesso. Talvez não seja imediato, mas "imediato" do nosso ponto de vista não tem muita importância, enquanto continuarmos a fazer a coisa; e todo ser humano *pode* fazê-lo; é apenas uma questão do tempo que possa levar, e o tempo é bem empregado de qualquer maneira.

Penso que se lembrarmos essas idéias, elas poderão nos ajudar a fazer mais uso do tempo reservado à meditação. A tendência natural desse tempo é para um vagar e desprendimento de pensamento generalizados. Algumas pessoas simplesmente se tornam relapsas por alguns minutos no que se chama de "sentir-se bem". Melhor sentir-se bem do que mal, é claro; mas ainda não é exatamente tudo o que se quer dizer.

Muitas pessoas meditam diariamente sozinhas e conseguem grande ajuda assim fazendo; mas mesmo assim há possibilidades ainda maiores de resultado quando um grupo de pessoas concentra suas mentes numa só coisa. Isso estabelece uma tensão no éter físico bem como nos mundos astral e mental, e é um giro na direção que desejamos. Pois apenas durante aquela meditação em grupo, em vez de termos de lutar contra nosso meio-ambiente (coisa que temos a fazer sempre, praticamente em qualquer outro lugar), ele é realmente útil. Isto é, deveria ser assim, se todos os presentes conseguem abster suas mentes de vagar, e é claro que eles precisam tentar fazê-lo, não apenas para si mesmos, mas pelos seus companheiros em esforço. Uma mente errante em tal grupo constitui uma quebra na corrente. Em vez de ter uma enorme massa de pensamento movendo-se num enorme fluxo, teríamos, nesse caso, pequenos remoinhos nele, tais como os que são provocados por rochas ou galhos num rio, desviando a corrente. Aquele que deixa sua mente vagar está portanto tornando as coisas mais difíceis para aqueles a seu redor.

Um número de pessoas enviando seus pensamentos numa mesma direção oferece uma grande oportunidade de progresso, se a direção for boa; mas isto raramente acontece na vida ordinária. Quando ocorre significa grandes possibilidades.

Um exemplo surpreendente, e que já foi descrito, me surge à mente como indicado. Tive o privilégio de estar presente ao Jubileu de Diamante de Sua Majestade a Rainha Vitória. Foi uma das mais maravilhosas manifestações no caminho da força oculta que jamais vi. Apenas por poucos momentos, enquanto a carruagem da Rainha passava, milhões de pessoas foram colhidas numa mesma linha de pensamento e foi uma linha muito boa, de intenso amor e lealdade. Foi uma visão do lado interior que raramente pode ser igualada. Antes que tal acontecesse, tivemos que esperar longo tempo pela procissão. Milhares e milhares de pessoas que estavam ao alcance da visão tinham, cada uma delas, seu próprio conjunto de pensamentos. Aconteceu de eu estar no coração da cidade de Londres onde os presentes eram em sua maioria comerciários ou homens trabalhadores com suas esposas. Os homens estavam principalmente ocupados com cálculos e suas cabeças estavam circundadas de números, tal como um enxame de abelhas voando ao redor deles todo o tempo. As diversas senhoras estavam pensando a respeito do vestido, umas das outras, e a respeito de assuntos domésticos de toda natureza.

Quando a procissão se aproximou, as pessoas foram acordadas, e gradualmente foram tomando mais e mais interesse nela, culminando com a passagem da própria Rainha. Por alguns minutos todos aqueles milhares de pessoas estavam pensando e sentindo-se de maneira semelhante. O efeito foi prodigioso mesmo no plano físico, apesar de eles não saberem por quê. Aqui estavam homens duros da cidade, com lágrimas em seus olhos, dando-se as mãos, enquanto que praticamente todas as senhoras choravam.

O efeito foi surpreendente naqueles poucos minutos de intensa exaltação. Talvez pela primeira vez em suas vidas eles todos simultaneamente esqueceram de si e foram retirados de si por uma emoção superior. Aquela era uma oportunidade. Em momentos como aquele, se a excitação é religiosa, ocorrem grandes conversões — tremendas elevações da alma. Atrevo-me a dizer que aquelas pessoas, depois, devem ter-se perguntado por que teriam estado tão comovidas. Foi extremamente bom para elas, mas é muito raro acontecer uma oportunidade daquelas.

Fazemos uma pequena corrente, alguma coisa como aquela, em pequena escala, em nossa meditação em grupo. Somos apenas uma pequenina marca ao invés de milhares, mas, à sua maneira, tal reunião é uma oportunidade real; se pudéssemos aproveitá-la melhor faríamos progresso mais rápido, sentir-nos-íamos mais grandemente ajudados.

É de grande ajuda se num grupo há alguns capazes de galgar níveis elevados. É um grande impulso estarmos por alguns momentos na presença de pensamento de nível superior. É uma das vantagens que ganhamos em nossa associação, com o "unirmo-nos aos outros" para um trabalho como esse.

Meditação coletiva, assim como algumas Lojas têm nas palestras públicas para uma audiência mista, não é de grande uso. Apenas mantêm a audiência quieta por alguns poucos instantes, mas faz pouco além disso, porque o homem médio não sabe como pensar.

O desdobrar-se da consciência superior é uma das possibilidades que se abrem à humanidade nesse estágio que agora alcançou. Portanto, em maior ou menor grau, está aberto a cada um de nós, e vale a pena tomarmos nosso tempo para fazer alguma tentativa naquela direção, pois o aumento de nossa utilidade que o sucesso causaria é quase incalculável. É verdade que é preciso tomar extremo cuidado, pois as armadilhas são muitas; nada deveria ser empreendido sem o conselho e supervisão de um médium treinado. Mas o mundo precisa de ajudantes que possuam tais poderes, e é dentre estudantes Teosóficos que podemos esperar encontrá-los. Praticamente não é necessário apontar quão vantajosa é, para nosso trabalho, a habilidade de se comunicar com os Anjos e os assim chamados mortos, e a força e precisão que experiências definidas da vida superior dão ao nosso ensino. O conhecimento adquirido é de grande conforto para aquele que o adquire, pois remove para sempre de sua vida toda dúvida e todo sofrimento; porém o homem deve buscar a transcendental sabedoria não para si próprio, mas para poder fazer-se mais extensivamente útil a seus companheiros, pois esse é o objetivo de todos os verdadeiros irmãos de fé em todo o mundo.

OS MESTRES E A SENDA

C. W. Leadbeater

Eis um livro que, nas palavras de Annie Besant, "trata de muitas coisas que até agora têm sido estudadas e discutidas dentro de um círculo seletivamente restrito, constituído de estudantes muito versados em conhecimentos teosóficos e preparados para estudar as asserções concernentes a regiões onde eles ainda não podiam entrar pessoalmente, mas esperavam poder fazê-lo mais tarde, para então comprovar diretamente as asserções de seus maiores".

Dos novos fatos expostos pela Teosofia, um dos mais importantes é o da existência de Homens Perfeitos. Deriva logicamente dos outros grandes ensinamentos teosóficos do karma e da evolução da consciência. OS MESTRES E A SENDA mostra esses fatos, que, para alguns, podem parecer quiméricos, e para outros, luminosas e sugestivas hipóteses. Mas também indica os meios pelos quais o estudioso ardente de conhecimentos pode chegar à sua constatação. Poderá ver então que no Universo há uma perfeita democracia espiritual, regida por uma poderosa Hierarquia de verdadeiros Mestres da Sabedoria, que "suave e poderosamente ela dispõe e governa todas as coisas", e a todo homem de boa vontade é oferecida a honrosa possibilidade de com ela cooperar e desenvolver-se internamente. Tal é a revelação que nos faz o autor em seu estilo singularmente didático e acessível.

EDITORA PENSAMENTO

O LADO OCULTO DAS COISAS

C. W. Leadbeater

"Oculto é o que está fora da percepção dos sentidos externos, porém que é perfeitamente perceptível e compreensível à interior inteligência espiritual, depois de se haverem desenvolvido e ativado os sentidos internos do homem". (Dr. Franz Hartmann). C. W. Leadbeater, autor deste livro extraordinário, teve seus sentidos internos altamente desenvolvidos e é considerado um dos mais profundos ocultistas do século vinte.

Desde moço ele se interessara pelo espiritismo e os fenômenos psíquicos, que no fim do século XIX empolgaram os maiores expoentes do mundo científico. Em 1883, após a leitura do livro O Mundo Oculto, de A. P. Sinnett, que lhe caiu nas mãos, encontrou-se com Helena P. Blavatsky e dela se tornou discípulo fiel. Leadbeater, que faleceu em 1934, dedicou-se, durante cerca de cinqüenta anos, ao estudo e vivência do Ocultismo e de suas leis, numa época carregada de superstições, preconceitos e incompreensões de toda a espécie, e legou à humanidade uma vasta literatura no gênero, a qual prima por sua objetividade científica e clareza didática.

O LADO OCULTO DAS COISAS é produto de muitos anos de seus meticulosos estudos da face oculta da Natureza, ou antes, segundo suas próprias palavras, "de toda a Natureza, ao invés de apenas uma pequena parte dela, que é quanto alcançam as investigações da ciência moderna". Neste livro, o autor revela, sobretudo, uma infinidade de fatores visíveis e invisíveis, favoráveis ou desfavoráveis, a que todo ser humano está inconscientemente sujeito, e ao mesmo tempo indica qual deve ser, segundo a circunstância, a sua reação inteligente e construtiva. Trata-se, sem dúvida, de uma obra altamente instrutiva e educativa, recomendável a todo educador e pesquisador, e digna de figurar em qualquer biblioteca para consultas e orientações.

EDITORA PENSAMENTO